ロマンス諸語に共有される独特の文法要素「再帰代名詞クリティック」。
その多様な機能の背後にひそむ本質とは。各言語間の差異をもたらすものは。
フランス語・スペイン語・イタリア語から豊富な言語事実を提示するとともに、
現代の代表的統語理論である生成文法に基づき、その深層にある構造を明らかにする。

The Syntax of Romance Reflexive Pronouns

北海道大学大学院文学研究科
研究叢書

ロマンス語 再帰代名詞の研究

クリティックとしての統語的特性

藤田 健

北海道大学出版会

研究叢書刊行にあたって
　北海道大学大学院文学研究科は，その組織の中でおこなわれている，極めて多岐にわたる研究の成果を，より広範囲に公表することを義務と判断し，ここに研究叢書を刊行することとした。

平成14年3月

まえがき

　インド・ヨーロッパ語族に属し，俗ラテン語を起源とするロマンス諸語は，統語論の分野において重要な言語現象を数多く提供する言語グループである。中でも，動詞に依存するという性質をもつ人称代名詞クリティックは，生成文法をはじめとする言語理論の発展に少なからぬ貢献を果たしてきた要素であると言える。本書が扱う再帰代名詞クリティックは，人称代名詞クリティックの中でもその機能の多様性という特質から形態論・統語論の両面において注目されてきた現象である。

　本書は，現在の統語論において中心的な位置を占めている言語理論の一つである生成文法の枠組みを用いて，ロマンス諸語に属するフランス語・スペイン語・イタリア語の再帰代名詞クリティックに関する言語事実を対照的に分析したものである。代名詞クリティックという現象は筆者が現在まで行ってきた研究の中で常に中心的な位置を占めてきたものであり，本書はその研究成果を再検討し総括するという作業によって生まれたものである。その作業の中で，新たに必要と思われる現象についての分析も加えた。

　筆者は，今までの研究生活において専ら統語論に関わる現象を扱ってきた。再帰代名詞クリティックは統語論のみならず形態論・語彙意味論においても重要な研究対象となるが，本書は当該要素の統語論に関連する言語事実に限定して議論を展開している。これは，一つの要素のもつ雑多な性質をいくつかの観点から分解し，抽出されたそれぞれの性質に適した理論的枠組みによって分析を進めるという現在の言語学の基本的な手続きに則ったものである。したがって，再帰代名詞クリティックの網羅的研究とはなっていない点に御留意いただきたい。

　筆者の現在まで行ってきた言語学の研究の原点が，学部・大学院時代を過ごした京都大学言語学研究室で言語学を学んだことにあることは言うまでもない。現在言語学者として研究を行うことができるのも，同研究室で言語学

の基礎の手ほどきをいただいた西田龍雄先生・佐藤昭裕先生，さらには大学院修了までの指導教官として言語学の方法論のみならず研究発表や論文執筆の面でも御教示いただいた吉田和彦先生の御指導のおかげである。また同研究室在籍中には，生成文法の初歩から議論の提示方法まで懇切丁寧に教えていただいた上山あゆみ氏をはじめ，多くの先輩方にお世話になった。さらにフランスでの研究滞在中には，パリ第7大学のAlain Rouveret教授にクリティック研究に関して貴重な御助言をいただいた。ここに深く感謝の意を表するものである。

　筆者が研究者として最初の一歩を踏み出した前任校の室蘭工業大学および現在勤務している北海道大学の同僚の方々には，様々な面で研究生活を支えていただいた。研究の実質的な側面については，本研究の基礎をなす論文作成時にインフォーマントとしてBruno Dubois氏ならびにChristine Lamarre氏に貴重な言語事実を御提供いただいた。更に，北海道大学大学院文学研究科による研究叢書としての助成により，本書を刊行する運びとなった。出版にあたっては，北海道大学出版会の成田和男氏に，入念な校正とともに得難い助言をいただいた。最後に，本文や言語データの誤記や不備について，妻の智子は丹念な指摘をしてくれた。以上の方々の直接的・間接的な御支援がなければ本書が日の目を見ることはなかったであろう。ここに謝意を表したい。

　　　2009年11月25日

　　　　　　　　　　　　　　　　　　　　　　　　　　　　藤田　　健

目　次

まえがき　i
凡　例　vii

第1章　再帰代名詞クリティックの概観 ……………………………… 1

1. クリティック　*1*
2. 再帰代名詞　*4*
3. ロマンス語における再帰代名詞クリティック　*8*
4. 再帰代名詞クリティックの用法　*12*
   4.1. 相互用法　*12*
   4.2. 受動用法　*13*
   4.3. 非人称用法　*14*
   4.4. 非対格用法　*14*
   4.5. 本来的用法　*15*
5. 再帰代名詞クリティックに関する先行研究　*16*
   5.1. 基底生成説　*16*
   5.2. 移動説　*18*
   5.3. 機能範疇説　*21*
   5.4. 非項説　*22*

第1章注　*23*

第2章　再帰用法の再帰代名詞クリティック ……………………… 25

1. 再帰用法の再帰代名詞クリティックの統語的ステイタス　*25*

1.1. 構造　*25*
　　1.2. 再帰代名詞クリティックの認可条件　*28*
　2. 複合時制文における過去分詞の一致現象　*28*
　　2.1. 過去分詞の一致現象　*28*
　　2.2. 再帰代名詞クリティックと共起する動詞の過去分詞の一致　*31*
　　2.3. フランス語における過去分詞の一致　*33*
　　2.4. イタリア語における過去分詞の一致　*36*
　　　再帰代名詞クリティックが単独で生起する場合　*36* / 再帰代名詞クリティックが非再帰形直接目的語クリティックと共起する場合　*38*
　3. 使役構文における再帰用法の再帰代名詞クリティック　*41*
　　3.1. 分布　*41*
　　　直接目的語の場合　*42* / 間接目的語の場合　*43*
　　3.2. フランス語における使役構文　*46*
　　　使役構文の統語的特性　*46* / 使役構文に対する従来の分析　*48* / 使役動詞の特性　*51*
　　3.3. 使役構文における再帰代名詞クリティックの分析　*62*
　　　従来の分析　*62* / 直接目的語の再帰代名詞クリティック　*64* / 間接目的語の再帰代名詞クリティック　*75* / まとめ　*92*
　　3.4. スペイン語の使役構文における再帰代名詞クリティック　*92*
　　3.5. イタリア語の使役構文における再帰代名詞クリティック　*97*
　4. 総括　*101*
　第2章注　*102*

第3章　受動用法の再帰代名詞クリティック　……………………*107*

　1. スペイン語の再帰受動構文　*108*
　　1.1. 再帰受動構文と受動文　*108*
　　　再帰受動構文　*108* / 受動文　*113*

1.2. 先行研究　　*115*
　　　　受動文　　*115* / 再帰受動構文　　*117*
　　1.3. 分析　　*119*
　　　　スペイン語における目的格の照合　　*119* / 再帰受動構文の統語構造　　*122* / 受動文の特性　　*128* / 直接目的語の与格と間接目的語の与格　　*135* / まとめ　　*137*
 2. イタリア語の再帰受動構文における過去分詞の一致現象　　*139*
　　2.1. 先行研究　　*140*
　　　　Burzio　　*140* / Cinque　　*143*
　　2.2. 分析　　*144*
 3. フランス語の再帰受動構文に見られる制約　　*148*
　　3.1. 再帰受動構文における再帰代名詞クリティックの分布　　*149*
　　3.2. 先行研究　　*153*
　　　　Zribi-Hertz　　*153* / 三藤　　*154*
　　3.3. 再帰代名詞クリティックの統語的特性　　*156*
　　　　θ役割と格　　*156* / 中間用法と受動用法の違い　　*159* / 使役構文との共起　　*165*
　　3.4. まとめ　　*168*
 4. 総括　　*169*
 第3章注　　*170*

第4章　非人称用法の再帰代名詞クリティック …………………… *175*

 1. イタリア語における再帰非人称構文　　*175*
　　1.1. 統語的特徴　　*176*
　　1.2. 先行研究　　*182*
　　　　Burzio　　*182* / Cinque　　*183*
　　1.3. 再帰非人称構文の統語構造　　*186*
　　　　再帰代名詞クリティックの統語的特性　　*186* / 再帰代名詞クリ

ティックの主格素性の照合　　*190* / 過去分詞の形態的一致
　　　194 / 不定詞節に生起する再帰代名詞クリティック　　*198*
　1.4. まとめ　　*205*
 2. スペイン語における再帰非人称構文　　*206*
　2.1. 法動詞　　*206*
　　　分布　　*207* / 分析　　*209*
　2.2. 繰り上げ動詞　　*214*
　　　分布　　*214* / 分析　　*215*
　2.3. 他の不定詞補文　　*217*
　2.4. まとめ　　*220*
 3. フランス語における非人称構文　　*221*
　3.1. 空主語の認可　　*221*
　3.2. 虚辞の人称代名詞　　*223*
　3.3. まとめ　　*224*
 4. 総括　　*225*
　第4章注　　*226*

参考文献　　*231*
あとがき　　*237*
索　引　　*239*
Index　　*242*

凡　例

1. 例文
   (　)は随意的に生起する要素であることを示す
   同一の章の中では，同一の例文は初出の番号で提示した

2. 英語で示された注
   -m. ― 男性
   -f. ― 女性
   -sg. ― 単数
   -pl. ― 複数
   SE ― 再帰代名詞クリティック
   数字は人称を表す(例：*1 sg.*―1人称単数)
   (　)は原語において音形のない要素であることを示す

第1章　再帰代名詞クリティックの概観

　本章では，ロマンス諸語における再帰代名詞クリティックの基本的な性質を概観する。まず，クリティックおよび再帰代名詞という要素がどのようなものであるかを示した上で，ロマンス諸語における再帰代名詞クリティックの統語的性質と意味機能を提示する。最後に，再帰代名詞クリティックに関する先行研究を概観し，次章以降の分析の足掛かりとする。

1. クリティック

　クリティックとは，言語学において特定の要素を指すために用いられる用語で，語としての地位は認められるものの，音韻的に他の要素に依存して文中に生起する要素を意味する。この音韻的に依存して生起する現象は，一般に接語化と呼ばれる。ロマンス諸語においてクリティックとして認められるのは，人称代名詞である。フランス語・スペイン語・イタリア語のいずれにおいてもクリティックとしての特徴を有する要素として，直接目的語代名詞・間接目的語代名詞が挙げられる。

(1) フランス語
　a. Marie le　　connaît.
　　　　him knows　　　　　　マリは彼を知っている。
　b. Le garçon lui　　ressemble.
　　　the boy　to-him resembles　　その少年は彼に似ている。
(2) スペイン語

    a. José la   quiere.
          her loves   ホセは彼女を愛している。
    b. El chico le   habla.
          the boy   to-him talks   その子は彼に話しかける。

(3) イタリア語
    a. Maria lo   invita.
          him invites   マリアは彼を招待する。
    b. Il ragazzo gli   telefona.
          the boy   to-him telephones その子は彼に電話する。

フランス語とイタリア語では，上記の他に前置詞句に対応するクリティックが存在する。このようなクリティックも，代名詞としてカテゴリー化されることが多い。フランス語の"en"とイタリア語の"ne"は英語の"of"に相当する前置詞を主要部とする前置詞句，フランス語の"y"とイタリア語の"ci"は場所を表す前置詞句および"to"に導かれる前置詞句に対応する。

(4) フランス語
    a. Il en   parle souvent.
          he of-it speaks often   彼はよくそのことについて話す。
    b. Elle y   va   en voiture.
          she there goes in car   彼女はそこに車で行く。

(5) イタリア語
    a. Solo io ne   ho   la chiave.
          only I of-it have the key   私だけがその鍵をもっている。
    b.   Ci   penso sempre.
          (I) to-it think always   私はいつもそのことを考えている。

フランス語・スペイン語・イタリア語に共通する統語的特徴として，代名詞クリティックが定動詞に接語化する場合には必ず定動詞に先行する[1]。また，

命令形の動詞に接語化する場合には，肯定文では動詞に後続するのに対して，否定文では動詞に先行する。

(6) フランス語
  a. Écoute-le.
     listen-him   彼の言うことを聞きなさい。
  b. Ne me lève pas.
     me get up not   私を起こさないで。

(7) スペイン語
  a. Dame la mano.
     give-to-me the hand   手を貸して。
  b. No me dé esto.
     not to-me give this   私にこれをよこさないで。

(8) イタリア語
  a. Prendine subito.
     take-some immediately   すぐそれを取りなさい。
  b. Non lo prendere.
     not it take   それを取らないで。

これらの言語間で相違点が観察されるのは，不定詞や分詞不定形の動詞にクリティックが接語化する場合である。フランス語においては，このような場合にクリティックが動詞に先行するのに対して，スペイン語・イタリア語においてはクリティックが動詞に後続する。

(9) フランス語
  a. Je vais les inviter.
     I go them invite   私は彼らを招待するつもりだ。
  b. Il mange en le lisant.
     he eats in it reading   彼はそれを読みながら食事する。

(10) スペイン語
    a.   Hay que hacerlo.
          (one) has to do-it　　　　そうしなければならない。
    b.   Se divierte quemándolos.
          (he) himself amuses burning-them
　　　　　　　　　　　　　　　　彼はそれを燃やして楽しんでいる。

(11) イタリア語
    a.   Devo lavarlo.
          (I) should wash-it　　　　私はそれを洗わなければならない。
    b.   Sta lavandoli.
          (he) is washing-them　　　　彼はそれらを洗っている。

代名詞クリティックの語順に関しては，Kayne(1991)をはじめとしていくつかの分析が提示されている。筆者もこの現象に関しては独自の見解をもっているが，この現象だけで相当の議論が必要となり，再帰代名詞クリティックに対象を限定している本書の射程をはるかに超えるものである。ここでは，動詞に前接もしくは後接する理由には触れずに，クリティックが動詞に接語化している構造を，それぞれ以下のように仮定することとする。

(12) a. 前接する場合　　　　　b. 後接する場合

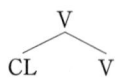

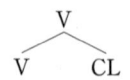

        V　　　　　　　　　　　　V
       ／＼　　　　　　　　　　／＼
    CL   V　　　　　　　　　V   CL

この構造では，クリティックは最小投射として編入している。クリティックが動詞に編入した場合に，全体の構造の特徴を決定するのは動詞である。

2. 再帰代名詞

　再帰代名詞とは，文中に同じ指示対象をもつ要素を必要とする代名詞のこ

とである。一般にこの同一指示の要素を再帰代名詞の先行詞と呼び，典型的には主語名詞句が該当する。先行詞と再帰代名詞が同じ指示対象をもつことを同一指示であると呼び，同一指示関係は両要素に同一指標を付加することによって表される。

(13) John$_i$ loves himself$_i$.

再帰代名詞は，ただ単に文中に先行詞をもてば文法的となるのではなく，より厳しい制約が課される要素である。生成文法においては，この制約は名詞句の指示関係を規定する束縛理論によって扱われる。具体的には，同一指示である先行詞と再帰代名詞との統語的位置関係が束縛条件によって規定される。束縛理論では，名詞句が照応表現(anaphor)，代名詞類(pronominal)，R表現(R-expression)に分類され，それぞれのタイプに異なった束縛条件が課せられる。この中で，英語の-self形代名詞のような再帰代名詞は，照応表現に分類される。統率・束縛理論では，照応表現に対して，以下に示される束縛条件Aが課せられる。

(14) 束縛理論(Binding Theory)
　(A) 照応表現(anaphor)は統率範疇(governing category)[2]において束縛(bind)される[3]。　　　　　　　　　　(Chomsky (1981) p. 188)

この条件によって，例えば次の例の文法性が説明される。

(15) a. ［Bill$_i$ likes himself$_i$］.
　　 b. *Bill$_i$ believes (that) ［Mary likes himself$_i$］.
　　 c. ［Bill$_i$ believes himself$_i$ to be the winner］.

(15a)は単文なので，"himself"の統率範疇は文全体となる。"himself"は統率範疇内で主語である"Bill"に束縛されており，(14)を満たすために文

法的なのである。複文の場合を見ると，(15b)では，"himself"の統率範疇は，補文となる。この文では，"himself"が統率範疇内で束縛されていない。先行詞の"Bill"は統率範疇の外にあるので，(14)が満たされず，非文となる。これに対して，(15c)では，"himself"の統率範疇は主文全体となる。"himself"は統率範疇内で主語の"Bill"に束縛されている。したがって，(14)を満たし，文法的となる。

　この条件は，照応表現に課せられる条件として一般的に認められていた。しかし，英語やその他の言語のデータをより綿密に観察し，この条件では不十分であることを示したのが，Reinhart and Reuland(1993)である。彼らは，一般的に照応表現と呼ばれている英語の-self形代名詞などの局所的(local)照応表現[4]とオランダ語のzich等の長距離照応表現[5]を区別し，それぞれを別々の観点から分析する必要性を主張した。彼らは，前者をSELF照応表現，後者をSE照応表現と呼んで区別し，後者には再帰化(reflexivizing)の機能がないとする。その上で，束縛理論を次のように改訂することを主張する。

(16) 束縛理論
  1. 定義：
   (主要部)Pの統語的述語(syntactic predicate)とは，P，Pのすべての統語的項およびPの外項(主語)である。
   Pの統語的項とは，Pによってθ役割もしくは格を付与される投射である。
   (主要部)Pの意味的述語とは，Pと関与する意味レベルにおけるPのすべての項である。
   述語は，その項のうち二つが同一指標付けされる場合，そしてその場合にのみ再帰的である。
   (Pの)述語は，Pが語彙的に再帰的であるかもしくはPの項の一つがSELF照応表現である場合，そしてその場合にのみ再帰標示される。
  2. 条件：

A：再帰標示された統語的述語は再帰的である。
　　B：再帰的な意味的述語は再帰標示される。

本研究で考察する再帰代名詞クリティックは照応表現なので，関与するのは統語的述語，再帰標示，再帰性（reflexive）の定義および条件 A である。具体的には，条件 A は，ある述語がとる統語的項の中に再帰代名詞（SELF 照応表現）が含まれる場合，その再帰代名詞が他の統語的項のいずれか一つと同一指標をもたねばならないことを規定している。
　この主張の優れている点は，主に二つ挙げられる。まず経験的な点では，従来の束縛条件では説明できなかった例が説明できる点である。例えば，次の文を考えてみよう。

(17) Max boasted that [the queen invited Lucie and himself for a drink].

この文で，照応表現である"himself"は統率範疇である補文内で束縛されていない。"the queen"は女性なので，"himself"を束縛することはできない。したがって，従来の束縛理論では非文であると予想されるが，実際には文法的である。これに対して，Reinhart and Reuland の理論では，次のように説明される。補文の述語の統語的項は主語の"the queen"と目的語の"Lucie and himself"である。ここで，"himself"ではなく，"Lucie and himself"が項であることが重要である。"Lucie and himself"そのものは SELF 照応表現ではないので，(16) の定義により，補文の統語的述語は再帰標示されてはいない。したがって，(17) の補文には束縛条件 A が適用されず，非文とはならないのである。これ以外にも，オランダ語の再帰代名詞などのデータも説明できることが示されている。
　次に，理論的に優れている点は，従来の束縛理論はその定義に統率という概念を含んでいたために現在の枠組みにおいてはもはや採用することができなくなってしまったのに対し，Reinhart and Reuland の理論では統率・束縛理論で用いられていた古い概念が含まれていないので，最小主義プログラ

ムにおいてもそのまま採用可能であるという点である。この理論が提示されたのは，まだ最小主義プログラムの概要が必ずしも確立されていなかった時期であることを考えると，理論の変遷にまったく影響を受けない，極めて妥当性の高い考え方であると言えよう。本研究は，照応表現一般に課される束縛条件として，この Reinhart and Reuland の理論における束縛条件を採用し，分析を進めていくこととする。

3. ロマンス語における再帰代名詞クリティック

再帰代名詞クリティックは，直接目的語・間接目的語としての再帰用法をもつ。再帰用法とは，文中の他の要素と同一指示となる再帰代名詞本来の用法である。生成文法の束縛理論においては，非再帰形代名詞クリティックは代名詞類として，再帰代名詞クリティックは照応表現としてそれぞれ分類されることになる。再帰代名詞クリティックは，非再帰形クリティックとは異なり，常に間接目的語と直接目的語が同一の形式である。以下では，フランス語の例を示す。

(18) a. Jean$_i$ se$_i$ photographie.
　　　　　SE photographs　　　　　ジャンは自分の写真を撮る。
　　　b. Jean$_i$ s$_i$'offrira　un bonbon.
　　　　　SE will-give a candy
　　　　ジャンは(自分に)キャンディーを買うだろう。

再帰代名詞クリティックは，1・2人称では非再帰形クリティックと全く同じ形式となり，英語に見られる "me/myself" のような形式の区別は見られない。

(19) a. Il me/te/nous/vous regarde.
　　　　 he me/you/us/you　watches

彼は私／君／私たち／君たち（あなた／あなたたち）を見つめる。
b. Je me regarde dans la glace.
　 I SE watch in the mirror　私は鏡で自分を見つめる。
c. Tu te regardes dans la glace.
　 you SE watch in the mirror　君は鏡で自分を見つめる。
d. Nous nous regardons dans la glace.
　 we SE watch in the mirror
　　　　　　　　　　　　　私たちは鏡で自分を見つめる。
e. Vous vous regardez dans la glace.
　 you SE watch in the mirror
　 あなた（あなたたち／君たち）は鏡で自分を見つめる。

3人称では，非再帰形クリティックと形式が異なり，再帰代名詞クリティック独自の形式となる。ただし，非再帰形クリティックでは直接目的語と間接目的語で形式が異なっているのに対し，再帰形では同じ形式が用いられる。本研究では，便宜上，代表的な形として3人称の形式を用いて議論を進める。

(20) a. Je le/ la/ les regarde.
　　　 I him(it)/her(it)/them watch
　　　 私は彼（それ）／彼女（それ）／彼ら（それら）を見つめる。
　 b. Il/ Elle se regarde dans la glace.
　　　 he/she SE watches in the mirror
　　　 彼／彼女は鏡で自分を見つめる。
　 c. Ils/Elles se regardent dans la glace.
　　　 they SE watch in the mirror
　　　 彼ら／彼女らは鏡で自分を見つめる。
　 d. Je lui/ leur ai acheté un bouquet.
　　　 I to-him(her/it)/to-them bought a bouquet
　　　 私は彼（彼女，それ）／彼ら（それら）に花束を買った。

e. Il/ Elle s'est acheté un bouquet.
   he/she SE bought a bouquet
   彼／彼女は自分に花束を買った。
f. Ils/Elles se sont acheté un bouquet.
   they SE bought a bouquet
   彼ら／彼女らは自分たちに花束を買った。

再帰代名詞クリティックに関して，フランス語・スペイン語とイタリア語で分布に差が見られる点がある。再帰代名詞クリティックと同じ機能を果たす他の代名詞を用いる場合，フランス語とスペイン語においては再帰代名詞クリティックの生起が義務的となる。つまり，他の代名詞のみを用いる文は非文となるのである。

(21) フランス語
  a. Jean se regarde lui-même dans le miroir.
     SE watches himself in the mirror
     ジャンは鏡で自分の姿を見る。
  b. *Jean regarde lui-même dans le miroir.
     watches himself in the mirror (Kayne 1977)

(22) スペイン語
  a. Juan se alaba a sí mismo.
     SE praises (to) himself ホアンは自分を誉める。
  b. *Juan alaba a sí mismo.
     praises (to) himself (Otero 1999)

これに対して，イタリア語では再帰代名詞クリティックを用いなくとも文法的である。

(23)　　　Lavava sé　　ogni mattina con l'acqua　fredda.
　　　　(he) washed himself every morning with the water cold
　　　　彼は毎朝冷たい水で体を洗っていた。　　　　　(Renzi et al. 2001)

この事実は，目的語代名詞クリティックの義務性と関連している。フランス語とスペイン語では，人称代名詞が目的語として生起する場合，代名詞クリティックの生起が通常義務的であり，アクセントを持つ代名詞が生起することはできない。

(24) フランス語
　a. Marie me connaît.
　　　　me knows　　　　　マリは私を知っている。
　b. *Marie connaît moi.
　　　　knows me　　　　　　　　　　　　　(Kayne 1977)
(25) スペイン語
　a.　　Me ha visto.
　　　(he) me has seen　　彼は私に会った。
　b.　　*Ha visto a mí.
　　　(he) has seen (to) me　　　　　(Fernández Soriano 1999)

これに対して，イタリア語ではアクセントを持つ代名詞が目的語として動詞に後続することが可能なのである。

(26) Gianni preferisce lei.
　　　　prefers　her　　　ジャンニは彼女の方が好きだ。
　　　　　　　　　　　　　　　　　　　　　(Renzi et al. 2001)

この事実は，再帰代名詞クリティックが非再帰形代名詞クリティックと統語的に同じステイタスを持っていることを示している。

4. 再帰代名詞クリティックの用法

再帰代名詞クリティックの本来の機能はすでに見た再帰用法であると考えることができるが，ロマンス語の再帰代名詞には他にもいくつかの用法が見られる。ここではその用法を概観する。

4.1. 相互用法
相互用法とは，「お互いに」というその意味的特性上，主語名詞句が複数である場合に限られ，主語名詞句が指示する集合の構成員の各々が他の構成員に対して動作などを及ぼす状況を表す。

(27) フランス語
  Ces   étudiants s'admirent les uns les autres.
  these students SE admire   one   another
  これらの学生はお互いに感心しあっている。
(28) スペイン語
  Ellos se conocieron en Madrid.
  they SE knew   in   彼らはマドリッドで知り合った。
(29) イタリア語
  Pietro e Olivia si   guardano attraverso il   vetro.
       and   SE watch   through   the glass
  ピエトロとオリビアはガラス越しに見つめ合っている。

生成文法では，相互用法の代名詞も再帰代名詞と同様に束縛条件Aが課されると分析される。本研究でも，相互用法の再帰代名詞クリティックは再帰用法のそれと同様に分析されるという立場をとる。

4.2. 受動用法

　受動用法とは，他動詞の直接目的語が主語名詞句として生起するものである。直接目的語が統語的に主語名詞句に昇格したものと言うことができ，主語への昇格は動詞との人称一致によって示される。後に述べる非対格用法と異なるのは，動作主を含意する他動詞としての意味を保持している点である。

(30) フランス語

　Ce journal　 se lit　 en cinq minutes.
　this newspaper SE reads in five minutes
　この新聞は5分で読める。

(31) スペイン語

　Los cangrejos se　cuecen en vino blanco.
　the crabs　　SE boil　 in wine white　　カニは白ワインで煮る。

(32) イタリア語

　Gli esperimenti si　dividono in　innocui e　 pericolosi.
　the experiments SE divide　into harmless and dangerous
　実験は無害なものと危険なものに分けられる。

スペイン語・イタリア語においては，主語名詞句が動詞に後続する場合が多い。

(33) スペイン語

　Se enviaron los hombres y　 las armas.
　SE sent　　 the men　　and the weapons　人と武器が送られた。

(34) イタリア語

　Si distrusse Dresda.
　SE destroyed Dresden　　　　　　　　ドレスデンが破壊された。

フランス語においては，この受動用法に分布上の強い制約が課せられる。こ

の点については，3章で詳しく述べることとする。

4.3. 非人称用法

　非人称用法とは，不特定の一般の人を主語とする動作・状態を表す用法であり，スペイン語とイタリア語に見られる。この用法では明示的な主語名詞句が生起することが決してなく，動詞は常に3人称単数形で標示される。

(35) スペイン語
　No se　puede entrar.
　not SE　can　　enter　　　　　　　　入ることはできない。

(36) イタリア語
　Si　può aprire il　pacchetto delle　patatine.
　SE　can open　the packet　　of-the crisps
　ポテトチップスの包みを開けてもよい。

この用法はスペイン語・イタリア語では頻繁に観察されるのに対し，フランス語にはまったく見られないものである。この事実は，フランス語とスペイン語・イタリア語の統語的特性の違いに起因するものであり，4章で議論することとする。

4.4. 非対格用法

　非対格用法とは，他動詞を非対格動詞に変える機能を指す。対応する他動詞に再帰代名詞クリティックを付加することによって，動作主が含意されない非対格動詞(unaccusative verb)が形成される。

(37) フランス語
　a. La porte s'est ouverte.
　　the door SE　opened　　　　　　　戸が開いた。

 b. Il a ouvert la porte.
  he opened the door   彼は戸を開けた。

(38) スペイン語
 a. La ventana se abrió.
  the window SE opened   窓が開いた。
 b. Miguel abrió la ventana.
  opened the window   ミゲルは窓を開けた。

(39) イタリア語
 a. La bambina si è spaventata.
  the girl SE frightened   その女の子は驚いた。
 b. Un sottile rumore ha spaventato la bambina.
  a slight noise frightened the girl
  ちょっとした音でその女の子は驚いた。

この用法はフランス語・スペイン語・イタリア語に共通に観察されるものであるが，受動用法と異なり，用いられる他動詞に語彙的な制約が見られる。したがって，非対格用法の再帰代名詞クリティックは統語論において個別の要素として生起するのではなく，語彙部門における操作によって動詞と関係付けられると考えられる。すると，統語部門においては語彙的に動詞の一部として導入されると考えることができる。よって，統語的な現象を対象とする本研究では扱わないこととする。

4.5. 本来的用法

 本来的用法とは，再帰代名詞クリティックを伴わずに用いられることのない動詞を指す。このタイプの動詞は，もっぱら再帰代名詞クリティックを伴った形で用いられる。

(40) フランス語

 Elle s'est évanouie.

 she SE fainted   彼女は気を失った。

(41) スペイン語

 Se arrepiente de haber venido.

 (he) SE regrets to have come

 彼は来たことを後悔している。

(42) イタリア語

 Si è pentito d'aver detto tante bugie.

 (he) SE regretted to have said so many lies

 彼は嘘をたくさんついたことを悔やんだ。

この本来的用法における再帰代名詞クリティックも，非対格用法の場合と同じく語彙部門において動詞と関係付けられていることは明らかである。したがって，本研究では扱わないことになる[6]。

5. 再帰代名詞クリティックに関する先行研究

　再帰代名詞クリティックの統語的ステイタスに関して，従来，他の代名詞クリティックと同じ資格の要素であると分析されるのが一般的であったが，再帰代名詞クリティックを異なる要素として分析する研究もある。本節では，フランス語の再帰代名詞クリティックに対する四つの代表的な分析を紹介する。すなわち，Jaeggli(1982)に代表される基底生成説，Kayne(1991)に代表される移動説，Rowlett(2007)に代表される機能範疇説，さらにReinhart and Siloni(2005)による非項説である。それぞれの主張を概観し，本研究での立場を述べる。

5.1. 基底生成説

　代名詞クリティックが表層の位置に基底生成されるという分析の代表的な

ものとして，Jaeggli が挙げられる。Jaeggli は，スペイン語とフランス語のクリティックを観察し，特に以下に示すスペイン語の方言におけるクリティック重複現象 (clitic doubling) などの例をあげ，目的語クリティックは動詞の補部から移動するのではなく，動詞に接語化された位置に基底生成されると分析している。

(43)   Lo   vimos a   Guille.
     (we) him saw   (to)   我々はギリェを見た。
(44) clitic＋verb PRO

(44)に示されるように，代名詞クリティックは動詞に接語化された位置に基底生成され，動詞の補部の位置は空の代名詞 PRO[7] が占めるという構造を仮定している。一般に PRO は統率されない位置にしか生起できないという点については，クリティックが動詞の統率を吸収するため，PRO が統率を免れることができると主張している。このように考えれば，スペイン語の方言で許されるクリティック重複現象も自然に説明されるとしている。そして，この分析はフランス語のクリティックにも適用できると主張している。

　この基底生成説では，クリティックの単文におけるふるまいという点では経験的に移動説と差はないが，複文構造を考慮に入れるとその差が明確になる。以下に見られる使役構文において，同じ不定詞補文でありながらクリティックが生起する位置が異なるという事実が観察される。以下はフランス語の例である。

(45) a. Il laissera son ami   les   manger.
        he will-let his friend them eat
        彼は友人にそれらを食べさせるだろう。
    b. *Il les   laissera son ami   manger.
        he them will-let his friend eat

(46) a. Jean l'a fait   manger à/par Pierre.
       it   made eat   to/by
       ジャンはピエールにそれを食べさせた。
    b. *Jean a fait le manger à/par Pierre.
          made it eat   to/by

　使役動詞"laisser"を用いる使役構文において代名詞クリティックは主節の動詞ではなく，補文の不定詞に接語化する。これに対して，使役動詞"faire"を用いる使役構文の場合，代名詞クリティックは主文の動詞に接語化しなければならず，補文の動詞に接語化した例は非文となる。もし基底生成説をとるなら，なぜこのような分布の差が生じるかを説明するのが極めて困難である。それに対し，移動説を採用すれば，それぞれの構文の派生を考える上で，ごく自然にその差を説明することが可能となる。

　また，理論的な観点からは，基底生成説の場合，動詞の補部の位置に生成される空の要素が何であるかを特定するのは困難である。Jaeggli は PRO を仮定しているが，PRO は動詞の補部の位置に生起できる要素とは考えにくく，より多くの言語現象を観察しこの分析を支持する現象を提示しなければならない。従って，基底生成説は以下で述べる移動説に比べ妥当性が低いと考えられる。

5.2. 移動説

　代名詞クリティックに対して，基底の動詞の補部の位置から動詞の直前の位置に移動すると考える分析の代表として，Kayne があげられる。Kayne はフランス語・イタリア語を中心とするロマンス諸語のクリティックの文における位置を観察し，統率・束縛理論の枠組みで分析を示している。Kayne はクリティックが通常の名詞句と同じ位置に基底生成され，動詞に隣接する位置に移動すると考える。具体的には，動詞の不定詞に接語化する場合の構造は次のように示される[8]。次の(47)で，T は時制要素，Cl はクリティック，Infn は不定形の接辞要素をそれぞれ表す。

(47) ...T...Cl+[$_{INFN}$V+Infn]...[$_{VP}$[$_v$e]...]...

この構造では，V が名詞的特性をもつ不定詞の接辞 Infn に移動する。この V と Infn の複合体にクリティックが付加する。ここで重要なのは，クリティックが動詞に直接付加しているのではないということである。Kayne はロマンス諸語のクリティックの特性として，機能範疇である X$_0$ 要素に付加しなければならないという条件を挙げている。つまり，V のような語彙範疇に属する要素には直接付加できないと考えるのである[9]。

　この仮定を裏付ける例として，次のイタリア語の例を挙げている。

(48) Parlargli　sarebbe　un errore.
　　 speak-to-him would-be an error
　　 彼に話すのは誤りであろう。

この例では，不定詞に隣接するクリティックが動詞の右側に位置している。Kayne は要素の右側への付加移動は存在しないと考えるので，この構文においてはクリティックが動詞に付加しているのではない。ここで提案されるのが，次のように，空の機能範疇の要素(時制要素 T)に付加しているという分析である。

(49) ...V+Infn...Cl+T...[$_{INFN}$ e]...[$_{VP}$[$_v$e]...

この構造では，動詞が接辞 Infn に移動し，その複合体が時制要素の投射である T' に付加している。クリティックは，この複合体とその痕跡との間に位置する時制要素 T に付加する。このように考えれば，右方向への付加を仮定することなく，イタリア語のクリティックが不定詞の右側に位置することを説明できると主張する。

　しかし，このような分析をとると，以下のような問題が生じる。本研究で考察する使役構文においては，主文の動詞と補文の動詞が複合動詞[10]を形成

する。もし Kayne のように補文の不定詞に時制要素である T を仮定すると，使役構文における補文の構造は，英語の例外的格標示構文[11]とまったく同一の構造となり，なぜフランス語の使役構文だけ複合動詞を形成しなければならないかという動機付けが困難になってしまう。しかも，フランス語にも，倒置を含む構文以外に，英語のように倒置しない通常の不定詞補文をとる構文が存在することが問題となる。

(50) a. Jean fait　lire　ce　livre à Paul.
　　　　 makes read this book to
　　　ジャンはポールにこの本を読ませる。
　　b. Jean laisse　Paul lire　ce　livre.
　　　　 lets　　　　　 read this book
　　　ジャンはポールにこの本を読ませる[12]。

同じ補文構造でありながら，一方は倒置を含む構造で，一方は倒置のない構造であるということになり，その理由を語彙情報にのみ帰することになってしまう。これは極めて妥当性を欠く説明の方向性であると言わざるを得ない。
　また，機能範疇にのみクリティックが付加するという仮定も問題である。これは，補文の不定詞に時制要素を仮定することから生じる仮定であり，この分析をとらなければ全く必然性のないものである。上記のイタリア語における不定詞の分析に見られるような，語彙範疇をまったく含まない機能範疇に語彙範疇であるクリティックが付加するという分析は，この接語化を機能範疇に限定するという仮定のためにとらざるを得ないものである。このような不自然な分析を強要するという意味でも，この仮定は妥当であるとは言い難い。
　本研究では，クリティックを基底位置から移動させるという考えは共有するが，不定詞補文に一律に時制要素を仮定したり，クリティックの付加位置を機能範疇に限定するという考えは採用しないこととする。

5.3. 機能範疇説

　Rowlett は，Shlonsky (2004) のクリティックに関する分析を前提とし，クリティックが機能範疇である主要部 Clitic に位置づけられると分析する。具体的な構造は以下に示される。

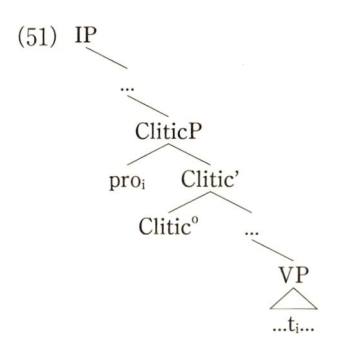

(51)
```
        IP
        |
        ...
        |
       CliticP
       /    \
     pro_i  Clitic'
           /     \
        Clitic°   ...
                  |
                  VP
                  △
                ...t_i...
```

　この構造では，動詞句内にあるクリティックと同一指標を持つ空の代名詞 pro が機能範疇 CliticP の指定部に移動している。新たな機能範疇を設定することによって，すでに述べた代名詞クリティックにおける前接と後接という語順に関する現象を簡潔に説明することを試みている。再帰代名詞クリティックも，通常のクリティックと同じように (51) の構造をもつと考えられている。

　代名詞クリティック一般の動詞に対する語順の問題は極めて重要で興味深い問題であるが，本研究が考察対象とする現象には含まれないものである。本研究が対象とする再帰代名詞クリティックに関する諸現象を説明する上では，Clitic という新たな機能範疇を設定する必然性は存在しないと言える。したがって，以下の分析では議論の簡略化のために，CP と TP(IP) という従来一般的に認められてきた機能範疇のみを用いた構造を採用することとする。もちろん，本研究で提示された分析は，Clitic という機能範疇を仮定する構造に容易に翻訳可能であることは言うまでもない。

5.4. 非項説

　上で見た三つの分析とは異なり，再帰代名詞クリティックは非再帰代名詞クリティックとは別の統語的ステイタスを持つという分析がある。その代表的なものが Reinhart and Siloni(以下 RS)である。RS は，再帰用法を含むすべての再帰代名詞クリティックは項ではなく，動詞の項構造に変更を加えるという機能を持つ要素であると主張する。したがって，統語構造において動詞から独立した位置を占める要素ではないということになる。

　RS の分析において中核をなすのは，述語の項の数を変更する主題価変更操作(thematic arity operation)である。この主題価変更操作が適用される部門がパラメータ化され，語彙部門において適用される言語と統語部門において適用される言語に分けられる。ロマンス諸語においては，当該操作は統語部門において適用されると分析される。再帰用法・相互用法の場合には，当該操作の一つである再帰化統合(Reflexivization bundling)が適用され，外項の θ 役割と再帰代名詞クリティックのそれが一つに統合されることによって，項が一つ減少することになる。これと同時に，再帰代名詞クリティックに対応すると考えられる格の削除も行われる。受動用法と非人称用法に関しては，意味論において仮定されている存在演算子(existential operator)によって束縛される変項に対して，θ 役割が付与される飽和(saturation)操作が適用されることにより，項が一つ減少する。両者の違いは飽和操作に伴う格の削除の対象であり，受動用法においては対格，非人称用法においては主格がそれぞれ削除される。非対格用法に関しては，非使役化(decausativization)操作によって外項の θ 役割が削除され，それに伴い対格も削除される。結果として，外項が意味的にまったく含意されない非対格動詞の構造が作り出される。

　RS は，非常に広範囲な言語グループにおける再帰代名詞に関する事実を包括的に分析した点において高く評価されるものである。しかし，主題価変項操作という述語の項構造を変更してしまう強力な操作を統語論に導入することの是非に関しては，意見が分かれるところであろう。本研究では，語彙的な情報を変更する操作はあくまでも語彙部門に限定するべきであるという

立場から，統語論において扱うべき現象については一般に認められている操作のみを用いて分析を進めたい。このような分析上の観点からは，少なくとも再帰・相互用法，受動用法，非人称用法の再帰動詞においては，再帰代名詞クリティックが項としてのステイタスを持つということになる。

[第1章注]
1　この特徴はすべてのロマンス諸語に共通に見られるものではない。ポルトガルで使用されるいわゆるヨーロッパ・ポルトガル語では，定動詞の場合にもクリティックが動詞に後続する例が見られる。
　　a. Ela quere-os.
　　　 she wants-them　　　　　　　彼女はそれらを欲しがっている。
　　b.　 Escrevi-te　uma carta.
　　　 (I) wrote-to-you a　　letter　　私は君に手紙を書いた。
ロマンス諸語の間でこのような相違点が見られることは大変興味深い問題であり，Rouveret (1999)においてその分析が提示されている。
2　統率範疇(governing category)の定義はいくつかのバージョンがあり，最も一般的な定義は Chomsky (1985)において示された定義である。この定義は極めて複雑なので，ここで言及することは避けるが，具体的には NP と S(IP)が統率範疇に対応する。
3　束縛(bind)とは，同一指標を持ち，かつC統御するという意味である。C統御の最も典型的な定義は，次の通りである。任意の二つの接点 α と β が，いずれも他方を支配せず，α を支配する最初の枝分かれ節点(branching node)が β を支配する場合，α が β をC統御する。
4　ここで局所的と呼んでいるのは，先行詞が極めて近い位置に存在しなければならないという意味である。
5　ここで長距離と呼んでいるのは，局所的とは逆に，先行詞が比較的遠い位置に存在してもよいという意味である。
6　この他に，スペイン語の再帰代名詞クリティックには動詞に変化や完了などの意味合いを付加するという特殊な用法がある。
　　a.　　 Se subieron a　la　tapia de un salto.
　　　 (they) SE went up to the wall of a　jump
　　　 彼らは壁の上に飛び乗った。
　　b.　　 Se bebió un litro de vino.
　　　 (he) SE drank a　litre of wine
　　　 彼は1リットルのワインを飲み干した。
この用法も用いられる動詞にその意味合いが依存しているという点で，語彙的な操作が関与していると考えられる。
7　PRO とは，英語の不定詞節や動名詞の主語位置に生起する空の要素である。具体的には，次のような例に見られる。
　　I want PRO to leave.
この文では，音形を持っている名詞句は "want" の主語 "I" のみであるが，意味役割上は "want" と "leave" それぞれに主語が必要である。このような場合，"leave" の

主語が音韻的に空の要素 PRO であると考える。
8　ここで，"…" は他の要素を省略していることを表し，"＋" は統語的に付加が行われ，一つの要素となっていることを表す。
9　語彙範疇とは，動詞，名詞，形容詞，前置詞など，語彙的要素に対応する統語範疇であり，機能範疇とは非語彙的要素，例えば屈折要素(INFL)，補文標識(COMP)，一致要素(AGR)，限定詞(DET)等に対応する統語範疇である。
10　ここで複合動詞と呼んでいるのは，統語構造上，複数の動詞が融合し，統語的位置として一つのゼロ範疇(最小投射)を占めるような動詞の複合体である。
11　例外的格標示構文とは，θ 役割を与えられる要素以外から格標示される名詞句を含む構文である。具体的には，次の例が挙げられる。
　　John believes [her to be an honest girl].
この文において，補文の不定詞節の主語"her"は，主文の動詞"believes"に格標示される。しかし，"her"に θ 役割を与えるのは，補文の動詞"be"である。通常，名詞句は θ 役割を与えられる要素に格標示されるので，このような例は例外的格標示となるのである。
12　一般に，"faire" は強制的な意味合いを含むのに対し，"laisser" は容認の意味が強い。

第2章　再帰用法の再帰代名詞クリティック

　再帰代名詞クリティックが有する種々の機能の中で，最も基本的なものであると言える再帰用法から考察を始める。なお，相互用法の再帰代名詞クリティックは統語的に再帰用法の再帰代名詞クリティックと同じふるまいを示す。再帰用法も相互用法も先行詞との同一指示によって解釈が得られるという意味では共通しており，一般に同じ条件によって制約を受ける要素と考えられている。したがって，本研究でも両者は統語的に同じステイタスを持っていると考える。

1. 再帰用法の再帰代名詞クリティックの統語的ステイタス

　本節では，再帰用法の再帰代名詞クリティックに関わる現象を説明する上での土台となる仮定を，フランス語の例を用いながら提示する。

1.1. 構　　造
　再帰代名詞クリティックに対する先行研究を概観した段階で，本研究では同要素が項として統語構造に導入されるという立場をとると述べた。ここではより具体的に再帰用法の再帰代名詞クリティックが統語構造においてどのように認可されるかを議論する。
　項として統語構造に導入されるということは，項の生起する位置に併合され，何らかの理由によって移動することを意味する。すでに見たように，ロマンス語の代名詞クリティックは音韻形態的な自立性をもたない要素である

ため，動詞要素に形態的に依存しなければならない。このために項の位置から動詞要素に主要部移動すると考えられる。具体的な構造は以下に示される。

(1) Jean$_i$ se$_i$ photographie.
     SE photographs　　　　　ジャンは自分の写真を撮る。

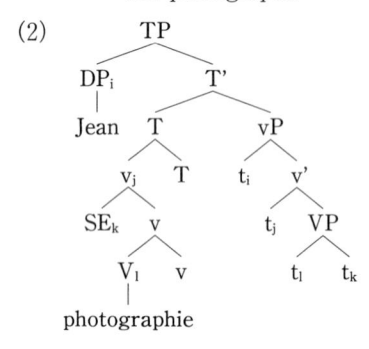

(2)
```
                TP
         ┌──────┴──────┐
       DP_i           T'
        │       ┌──────┴──────┐
       Jean     T            vP
             ┌──┴──┐      ┌───┴───┐
            v_j    T     t_i     v'
           ┌─┴─┐        ┌───┴───┐
          SE_k  v      t_j     VP
               ┌┴┐          ┌───┴───┐
              V_l v        t_l     t_k
               │
          photographie
```

　ここで，再帰代名詞クリティックの重要な特徴について考察したい。一つは，複合時制における助動詞の選択である。フランス語では，複合時制において英語の"have"に相当する"avoir"が用いられることが多いが，一部の自動詞は複合時制において英語の"be"に相当する"être"を選択する。

(3) a. Hier　　nous sommes/*avons allés au　cinéma.
　　　　yesterday we　are　/　have　gone to-the cinema
　　　　昨日私たちは映画に行った。
　　b. Il sera/*aura　　sorti　　quand vous reviendrez.
　　　　he will-be/will-have gone out when　you　will-come back
　　　　あなたが帰るまでに，彼は出かけてしまっているだろう。

この助動詞の選択に関して，再帰代名詞クリティックが接語化している動詞もすべて複合時制における助動詞として"être"をとる。

(4) a. Jean s'est/*a   rasé.
       SE is/has shaved   ジャンは自分の髭を剃った。
    b. La porte s'est/*a   fermée.
       the door SE is/has closed　その戸は閉まった。

　もう一つの特徴は，再帰代名詞クリティックを含む文は受動化が不可能であるという事実である。再帰用法・相互用法の再帰代名詞クリティックと同じ意味を表す他の表現である"[人称代名詞]-même(自分自身)"や"l'un l'autre(お互い)"を用いた場合には受動化が可能であることから，これは意味的な要因によるものではなく再帰代名詞クリティックの特性によるものと考えられる。

(5) a. Jean sera   décrit   à lui-même par sa femme.
       will-be described to himself   by his wife
       ジャンは彼の妻によって自分の特徴を述べられるだろう。
    b. *Jean se sera   décrit   par sa femme.
       SE will-be described by   his wife
    c. Ils seront présentés l'un à l'autre par Marie.
       they will-be introduced to each other   by
       彼らはマリによってお互いに紹介されるだろう。
    d. *Ils se seront présentés par Marie.
       they SE will-be introduced by   (Kayne 1977)

　この二つの事実は，再帰代名詞クリティックが接語化する動詞が統語的に自動詞のようなふるまいを示すということを意味する。つまり，再帰代名詞クリティックが動詞に接語化した段階で，動詞のカテゴリーを決定する要素であるvのもつ素性を他動詞から自動詞に変えると考えられる。本研究では，この操作が再帰代名詞クリティックと動詞との同一指標付けによってなされると考える。これにより，再帰代名詞クリティックと動詞があたかも一つの

動詞であるかのようにふるまうのである。

1.2. 再帰代名詞クリティックの認可条件

ここまでに述べた，再帰代名詞クリティックを含む動詞句の構造，および照応表現に課される束縛条件を前提として，本研究では，再帰代名詞クリティックの認可条件は次の二つからなると考える。

(6) 再帰代名詞クリティックの認可条件
　i) 接語化される動詞によって格照合を受ける。
　ii) 束縛条件Aを満たす。

i)の条件は人称代名詞一般に認められる条件である[1]。この認可条件は，再帰代名詞クリティックが直接目的語，間接目的語いずれの場合にも同じように適用されると考える。

2. 複合時制文における過去分詞の一致現象

クリティックが生起する文に見られる形態統語的特徴の一つとして，複合時制文における過去分詞の一致現象が挙げられる。本節では，再帰用法として用いられる再帰代名詞クリティックが生起する文における過去分詞の一致現象について考察を進める。

2.1. 過去分詞の一致現象

ロマンス語では，一般に動詞の過去分詞が形容詞としての語尾を有し，特定の統語的環境において文中の何らかの要素と性・数に関して一致するという現象が見られる。例えば，コピュラ動詞と過去分詞の組み合わせによって形成される受動文においては，過去分詞が主語名詞句の性・数に一致する。この特徴は，フランス語・スペイン語・イタリア語に共通する。

(7) フランス語
　a. Les idéaux des révolutionnaires ont été propagés dans
　　 the ideals of-the revolutionaries have been spread-m.pl. in
　　 toute l'Europe.
　　 all the
　　 革命家達の理想はヨーロッパ中に広められた。
　　 スペイン語
　b. Los problemas fueron solucionados.
　　 the problems were solved-m.pl.
　　 それらの問題は解決された。
　　 イタリア語
　c. Negli ultimi tempi numerosi attentati sono stati compiuti.
　　 in-the recent times numerous attacks are been carried out-m.pl.
　　 最近は多くの攻撃が行われてきた。

代名詞クリティックが生起する複合時制の文においても過去分詞の一致現象が観察されるが，受動文の場合とは異なる様相を示す。まず，スペイン語においては過去分詞はどの要素とも一致することはない。

(8)　　No la hemos visto esta semana.
　　　 (we) not her have seen-m.sg. this week
　　　 私達は今週彼女に会わなかった。

これに対して，フランス語とイタリア語では過去分詞の一致が見られる。フランス語では，直接目的語が代名詞クリティックとして生起する場合，過去分詞が常にこのクリティックと性・数一致する。

(9) a. Il ne m'a pas comprise.
　　　 he me-f. has not understood-f.sg.

彼は私の言うことを理解してくれなかった。
b. On les a visités trois fois.
   one them has visited-m.pl. three times
   私達は彼らを3度見舞った。

代名詞クリティックが生起する場合であっても，間接目的語の機能をもつ場合には過去分詞の一致は見られず，無標の形式である男性単数で標示される。

(10) Il leur a donné les documents.
    he to-them has given-m.sg. the documents
    彼は彼らに書類を渡した。

これに対してイタリア語では，直接目的語が3人称の代名詞クリティックの場合には過去分詞の一致が義務的であるのに対し，1・2人称の場合には一致が随意的となる。

(11) a. Li hanno avvistati stamattina.
       (they) them have spotted-m.pl. this morning
       彼らは今朝それらを見つけた。
    b. Non ti avevo riconosciuto/riconosciuta.
       (I) not you-f. had recognized-m.sg./-f.sg.
       私は君だと分かっていなかった。

代名詞クリティックが間接目的語の場合には，フランス語と同様，過去分詞の一致は見られず，過去分詞は無標の男性単数形で標示される。

(12) Le ho mandato tutti i documenti.
    (I) to-her have sent-m.sg. all the documents
    私は彼女にすべての書類を送った。

このようにロマンス語の中でも，代名詞クリティックと過去分詞の一致に関しては，言語間で相違が見られる。

2.2. 再帰代名詞クリティックと共起する動詞の過去分詞の一致

では，本研究が考察の対象としている再帰代名詞クリティックが生起する文の場合，過去分詞との一致はどのようになるであろうか。代名詞クリティックと過去分詞の一致が見られないスペイン語においては当然，再帰代名詞クリティックと過去分詞の一致は見られない。

(13) Ellos se han subido   las escaleras de un tirón.
     they SE have gone up-m.sg. the upstairs of one go
     彼らは階段を一気に駆け上がった。

フランス語・イタリア語の場合には，主語名詞句との一致が見られる場合がある。

(14) フランス語
  a. Ils se sont levés   tard.
     they SE are got up-m.pl. late   彼らは遅く起きた。
     イタリア語
  b. A che ora si sono   alzati?
     at what hour SE are (they) got up-m.pl.
     彼らは何時に起きたんですか。

この事実は，ある現象と関連している。それは，複合時制における助動詞の選択である。ロマンス語では複合時制の助動詞として最も多く用いられるのは英語の"have"に相当する助動詞であるが，フランス語・イタリア語では一部の自動詞が複合時制で用いられる場合，"be"に相当する助動詞"être/essere"が選択される。この場合に特徴的なのは，いずれの言語にお

いても過去分詞が主語名詞句と性・数一致するという点である。

(15) フランス語
   a. Elles   ne sont pas encore descendues.
      they-f.   are not yet   gone down-f.pl.
      彼女らはまだ降りていない。
   イタリア語
   b. Lei è rientrata a casa mezz'ora   fa.
      she is got-f.sg.   at home half an hour ago
      彼女は30分前に帰宅した。

そして，(14)の例に見られるように，再帰代名詞クリティックが生起する場合には常に助動詞として"être/essere"が選択される。一方，"have"に相当する"avoir/avere"が助動詞として選択される場合には，過去分詞が主語名詞句と一致することはなく，通常は無標の形式である男性単数形によって標示される。

(16) フランス語
   a. Elle n'a pas parlé   à son mari   depuis trois jours.
      she has not spoken-m.sg. to her husband for   three days
      彼女は3日前から夫と話をしていない。
   イタリア語
   b. Ieri   hanno giocato   troppo   a tennis.
      yesterday (they) have   played-m.sg. too much at tennis
      彼らは昨日テニスをし過ぎた。

つまり，過去分詞が主語名詞句と一致する場合には助動詞として"be"に対応する動詞が用いられるということになる。これに対して，スペイン語ではすべての動詞について"have"に相当する"haber"が用いられる。再帰

代名詞クリティックが生起する場合も例外ではない。

(17)　　　Se han vuelto　　　porque　　no paraba de llover.
　　　　　(they) SE have returned-m.sg. because (it) not stopped to rain
　　　　　雨が止まなかったので，彼らは引き返した。

つまり，助動詞として"be"に相当する"ser"もしくは"estar"が用いられないことから，過去分詞と主語名詞句との一致が行われないと考えることができる[2]。

2.3. フランス語における過去分詞の一致

　フランス語の場合，再帰用法の再帰代名詞クリティックと共起する動詞の過去分詞の一致には制約が見られる。クリティックが直接目的語として機能する場合には過去分詞の主語名詞句との性・数一致が義務的であるのに対し，間接目的語として機能する場合には一致が行われないのである。

(18) a. Elle s'est　baignée　　chaque jour.
　　　　she SE is bathed-f.sg. each　　day　　彼女は毎日水浴びをした。
　　 b. Elle s'est　lavé　　　la　tête.
　　　　she SE is washed-m.sg. the head　　彼女は頭を洗った。

この制約は，すでに述べた非再帰形代名詞クリティックが生起する場合の制約を想起させるものである。すなわち，非再帰形代名詞クリティックが直接目的語である場合にはクリティックと過去分詞が性・数一致するのに対し，間接目的語の場合には一致が見られないという制約である。理論的には，この二つの要素に見られる制約は同一のものであるとみなすことができる。再帰代名詞クリティックは主語名詞句と同一指示の要素であるため，性・数に関して主語名詞句と同じ素性を持つことになる。すると，再帰代名詞が生起する文において過去分詞が性・数一致するのは，主語名詞句ではなく直接目

的語である再帰代名詞クリティックであると捉えることができる。したがって，再帰代名詞であれ非再帰形代名詞であれ，直接目的語として機能するクリティックは常に過去分詞と一致するという制約に帰せられるのである。

　直接目的語代名詞クリティックと過去分詞との一致のメカニズムについてはいくつかの可能性が考えられるが，ここでは Kayne (1985) の分析に基本的に従うこととする。Kayne は，直接目的語が AgrP 指定部を経由して移動する際に主要部である Agr と一致し，それが性・数一致として形態的に具現化されるとする。これは，現在の枠組みでは軽動詞 v を主要部とする vP における関係として捉えられるものである。この分析は，直接目的語代名詞クリティックのみならず，以下のように直接目的語が関係代名詞や疑問代名詞として移動し，過去分詞と性・数一致する場合にも適用される。

(19) a. les livres qu'il a achetés
　　　　the books that he has bought-m.pl.　彼が買った本
　　b. Quelle fille avez-vous vue ?
　　　　which girl have you seen-f.sg.
　　　　あなたはどの女の子に会ったんですか。

Kayne の分析にそのまま従えば，直接目的語代名詞クリティックも vP 指定部に移動した際に主要部の v の位置を占める過去分詞と一致することになるが，一致は指定部と主要部の間にのみならず，主要部同士の間にも認められるものである。クリティックは形態的に動詞に接語化するのであるから，v 主要部に編入している。すると，編入した v の位置で v との一致がなされると考えるのが自然であろう。そこで本研究では，直接目的語代名詞クリティックが v 主要部内において v と格照合し，それによって性・数一致が形態的に具現化されると考える。(18a) を例に用いてこの派生を示すと以下のようになる。

(18) a. Elle s'est baignée chaque jour.
she SE is bathed-f.sg. each day

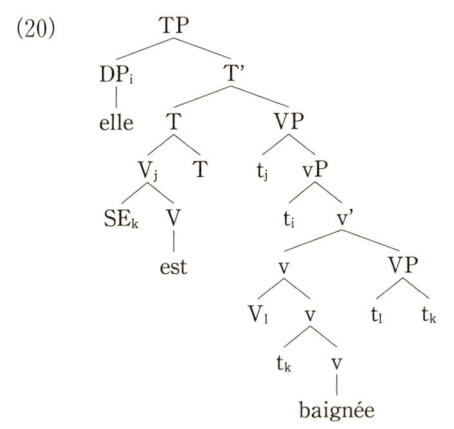

(20)
```
            TP
         /      \
       DPᵢ       T'
        |      /    \
       elle   T      VP
             / \    /  \
            Vⱼ  T  tⱼ   vP
           /  \      /    \
          SEₖ  V    tᵢ    v'
               |         /  \
              est       v    VP
                       / \   / \
                      Vₗ v  tₗ  tₖ
                      / \
                     tₖ  v
                         |
                      baignée
```

　再帰代名詞クリティックはv(baignée)に編入し，動詞と共にvに移動してvにより対格素性を照合される。その結果，性・数一致が形態的に標示される。過去分詞はクリティックのホストとしての資格を持たないために，クリティックはさらに上位の定動詞に移動して接語化する。
　ここで，直接目的語クリティックと間接目的語クリティックの差について触れておきたい。いずれもクリティックであるので，v主要部に移動する点で派生は同じである。では，性・数一致の有無は何によって決まるのであろうか。いくつかの可能性が考えられるが，ここではクリティックの対格素性が性・数に関する強い φ 素性と結び付けられているために性・数一致が形態的に具現化されるのに対し，与格素性は弱い φ 素性と結び付けられているために具現化しないと考える。一般に無標の格として考えられるのは主格と対格である。無標であるが故に，文中において格標示とは別の手段によって形態的に標示されることがある。典型的に見られるのは主格の場合で，動詞との人称一致がそれにあたる。対格の場合には，主格とは異なり常に標示されるわけではないが，動詞より前に位置するときに過去分詞の性・数一致という形で具現化されるのである。これに対し，与格は対格に比べ有標性が

高いために，格標示以外の手段で形態的に具現化されることがないのである。

2.4. イタリア語における過去分詞の一致

イタリア語は，過去分詞の一致に関してフランス語とは異なる興味深い現象を示す。ここでは，その問題を考察する。

2.4.1. 再帰代名詞クリティックが単独で生起する場合

イタリア語では，再帰代名詞クリティックが生起する文の過去分詞の一致に関して，フランス語と異なる特徴が観察される。クリティックが直接目的語として機能する場合に過去分詞が主語名詞句と一致する点は同じであるが，間接目的語の場合にも過去分詞が主語名詞句と一致するのである。

(21) a. Lei si è espressa con la chitarra.
　　　she SE is expressed-f.sg. with the guitar
　　　彼女はギターで自分を表現した。
　　b. Bruna e Vittorio si sono comprati una casa nuova.
　　　　　　　and　　　　SE are bought-m.pl. a house new
　　　ブルーナとヴィットリオは新しい家を買った。

この事実は，非再帰形代名詞クリティックに課される制約で捉えることはできない。すでに見たように，間接目的語として機能する非再帰形代名詞クリティックは過去分詞と一致しないからである。すると，フランス語の場合とは異なり，イタリア語では再帰代名詞クリティックと非再帰形代名詞クリティックとでは過去分詞との性・数一致のメカニズムが異なるということになる。非再帰形代名詞クリティックの場合には，フランス語と同じメカニズムがイタリア語においても機能していると考えられる。では，再帰代名詞クリティックの場合の過去分詞との一致はどのように考えられるであろうか。

本研究では，イタリア語の再帰代名詞クリティックがフランス語の再帰代名詞クリティックと異なる特性を有すると考えたい。2.3で，過去分詞とク

リティックが一致するのはクリティックの格素性が強い ϕ 素性と結び付けられているためであると仮定した。すると，イタリア語においては，間接目的語の再帰代名詞クリティックの持つ与格素性も強い ϕ 素性と結び付けられていると考えることによってフランス語との相違が説明される。ここで問題となるのはその理由である。格素性が強い ϕ 素性と結び付けられるのは，その格が無標であるためであると述べたが，イタリア語ではフランス語と異なり再帰代名詞クリティックの与格が無標であると考えるのは不自然であろう。この点に関して示唆的な事実がある。すでに観察した，イタリア語では直接目的語クリティックであっても，1・2 人称の場合には一致が義務的ではないという現象である。

(11) b.　　Non ti　　avevo riconosciuto/riconosciuta.
　　　　(I) not　you-f. had　recognized-m.sg./-f.sg.

この事実は，イタリア語における格素性と強い ϕ 素性の結び付きは，格の無標性だけでは決定されないということを示している。イタリア語では，これに加えて代名詞クリティックの人称と再帰性が関与していると考えることができる。格の無標性について無標をプラス，人称について 3 人称をプラス，再帰性について再帰形をプラスとすると，これら三つのパラメーターのうち三つもしくは二つについてプラスで指定されるクリティックは常に過去分詞と一致することになる。つまり，3 人称再帰形対格，3 人称非再帰形対格，3 人称再帰形与格，1・2 人称再帰形対格の 4 パターンである。

(21) a. Lei si　è espressa　　con la　chitarra.
　　　　she SE　is expressed-f.sg. with the guitar
(11) a.　　　Li　hanno avvistati　　stamattina.
　　　　(they) them have　spotted-m.pl. this morning
(21) b. Bruna e　Vittorio si　sono comprati　una casa　nuova.
　　　　and　　　　　SE are　bought-m.pl. a　house new

(22) Ci siamo espressi con la chitarra.
(we) SE are expressed-m.pl. with the guitar
私達はギターで自分を表現した。

一つのみがプラスとなっている場合は、1・2人称の与格再帰形が義務的に、1・2人称の非再帰形対格が随意的に一致するのに対して、3人称の非再帰形与格は一致しない。

(23) Ci siamo comprati una casa nuova.
(we) SE are bought-m.pl. a house new
我々は新しい家を買った。

(11) b. Non ti avevo riconosciuto/riconosciuta.
(I) not you-f. had recognized-m.sg./-f.sg.

(12) Le ho mandato tutti i documenti.
(I) to-her have sent-m.sg. all the documents

このことから、イタリア語では格素性と強い ϕ 素性の結び付きを決定するパラメーターとして、再帰性が最も優性で、格の無標性がこれに次ぎ、人称が最も低い位置を占めるということが言える。

2.4.2. 再帰代名詞クリティックが非再帰形直接目的語クリティックと共起する場合

　再帰代名詞クリティックが間接目的語の機能を果たす場合に、非再帰形直接目的語クリティックと共起する場合がある。このような文では、過去分詞は再帰代名詞クリティックではなく、直接目的語クリティックと一致する。

(24) I ragazzi se le sono prese.
the boys SE them-f.pl. are taken-f.pl.
少年達はそれらを取った。

第2章　再帰用法の再帰代名詞クリティック　*39*

再帰代名詞クリティックは再帰形であるために強い ϕ 素性を有する。非再帰形クリティックも，直接目的語でかつ3人称である場合には強い ϕ 素性を有することになる。過去分詞は一つであるので二つの要素と形態的に一致することは物理的に不可能であるが，直接目的語クリティックとの一致が優先される点については何らかのメカニズムが存在すると考えられる。本研究では，それは両クリティックの構造上の位置の相違に関連するものであると考える。直接目的語クリティックと共起する再帰代名詞クリティックは間接目的語である。直接目的語と間接目的語の両方をとる動詞は一般に3項動詞と呼ばれるが，この動詞を主要部とする動詞句の構造についてはいくつかの議論がある。詳しくは使役動詞に関する分析で議論することになるが，本研究では直接目的語がVの補部に，間接目的語がVの指定部にそれぞれ併合されると考える。これを前提に，(24)の派生を考えてみよう。直接目的語クリティックはVの補部に併合された後に，Vへと編入する。Vはクリティックと共にvへ主要部移動する。

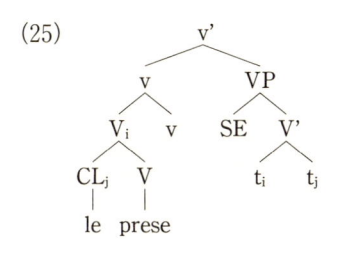

(25)
```
            v'
           / \
          v   VP
         /\   / \
       Vᵢ  v SE  V'
       /\      / \
     CLⱼ V   tᵢ   tⱼ
      |  |
      le prese
```

この段階で，直接目的語クリティックの格照合が行なわれ，vとクリティックとの一致により過去分詞がクリティックと性・数一致する。これに続いて，再帰代名詞クリティックがvに編入する。

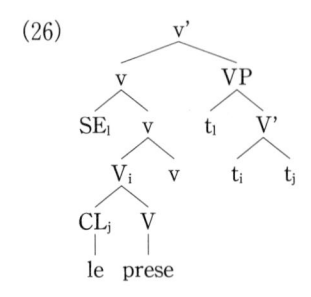

(26)
```
        v'
       / \
      v   VP
     / \  / \
   SE_l v t_l V'
       / \   / \
      V_i v t_i t_j
     /  \
   CL_j  V
    |    |
    le  prese
```

　再帰代名詞クリティックも強い ϕ 素性をもっているが，v はすでに直接目的語クリティックとの一致により形態的に一致を終えている。このため，再帰代名詞クリティックと v は格素性の照合にとどまり，形態的な性・数一致は行われないと説明される。
　直接目的語が間接目的語よりも低い位置に併合されるという事実は，二つの要素がいずれも代名詞クリティックとして生起する場合の語順によって例証される。このような場合，必ず間接目的語クリティックが直接目的語クリティックに先行するのである。

(27)　　Te　　lo do.
　　　　(I) to-you it give　　　　　私はそれを君にあげる。

これは，より低い位置にある代名詞クリティックが先に V に編入するために動詞に隣接し，後に編入するクリティックが外側に位置するためである。もし直接目的語が間接目的語よりも高い位置に併合されるのであれば，間接目的語が動詞に隣接する語順となるはずである。このように，再帰代名詞クリティックと直接目的語クリティックが共起する場合の過去分詞の一致現象は，動詞句の構造という観点から簡潔に説明される。

3. 使役構文における再帰用法の再帰代名詞クリティック

再帰代名詞クリティックの統語的特徴を考察する上で極めて有益な環境を提供するのが動詞"faire"を用いる使役構文である。本節では，フランス語の例を中心にして使役構文において生起する再帰用法の再帰代名詞クリティックについて詳細に議論する。

3.1. 分　　布

再帰用法の再帰代名詞クリティックは，動詞"faire"を用いる使役構文において特異な分布を示す。同じ代名詞クリティックでも，非再帰代名詞クリティックが使役構文内に生起する場合，主文の動詞である"faire"に接語化し，補文の主語(被使役者名詞句)は前置詞"à"もしくは"par"で標示される。

(28) a. Jean l'a fait　manger à Pierre.
　　　　 it made eat　　 to
　　　　 ジャンはそれをピエールに食べさせた。
　　b. Jean l'a fait　manger par Pierre.
　　　　 it made eat　　 by
　　c. *Jean a fait　le manger à/par Pierre.
　　　　 made it eat　　 to/by
　　d. *Jean l'a fait　manger Pierre.
　　　　 it made eat
　　e. *Jean a fait　le manger Pierre.
　　　　 made it eat

以下では，再帰代名詞クリティックが果たす文法機能に応じてその分布を観察する。

3.1.1. 直接目的語の場合

　再帰代名詞クリティックが直接目的語として接語化される場合，先行詞が主文の主語であるか補文の主語であるかによって生起する位置が異なってくる。先行詞が主文の主語である場合には，主節の定動詞"faire"に接語化しなければならない。ここで留意しなければならないのは，補文の主語が前置詞"par"で標示される文のみが文法的であるという点である。

(29) a.　Marie$_i$ se$_i$ fait　coiffer　par la　coiffeuse.
　　　　　　SE makes cut hair by the barber
　　　マリは美容師に髪を切ってもらう。
　b. *Marie$_i$ se$_i$ fait　coiffer　à la　coiffeuse.
　　　　　　SE makes cut hair to the barber
　c. *Marie$_i$ se$_i$ fait　coiffer　la　coiffeuse.
　　　　　　SE makes cut hair the barber
　d. *Marie$_i$ fait　se$_i$ coiffer　la　coiffeuse.
　　　　　　makes SE cut hair the barber
　e. *Marie$_i$ fait　se$_i$ coiffer　à la　coiffeuse.
　　　　　　makes SE cut hair to the barber
　f. *Marie$_i$ fait　se$_i$ coiffer　par la　coiffeuse.
　　　　　　makes SE cut hair by the barber

これに対して，再帰代名詞クリティックの先行詞が補文の主語である場合，再帰代名詞は補文の動詞に接語化しなければならず，補文の主語は対格で標示される[3]。

(30) a.　Jean fait　se$_i$ laver les enfants$_i$.
　　　　　　makes SE wash the children
　　　ジャンは子供たちに自分たちの体を洗わせる。

b. *Jean fait se_i laver aux enfants_i.
   makes SE wash to-the children
c. *Jean fait se_i laver par les enfants_i.
   makes SE wash by the children
d. *Jean se_i fait laver les enfants_i.
   SE makes wash the children
e. *Jean se_i fait laver aux enfants_i.
   SE makes wash to-the children
f. *Jean se_i fait laver par les enfants_i.
   SE makes wash by the children

3.1.2. 間接目的語の場合

　再帰代名詞クリティックが間接目的語として機能する場合には，環境によって直接目的語として機能する場合と共通する点と異なる点が混在する。再帰代名詞クリティックの先行詞が主文の主語である場合から見ていく。この場合には，再帰代名詞クリティックが直接目的語である場合と同様に，クリティックが定動詞に接語化しなければならない。間接目的語のみをとる2項動詞の場合，補文の主語が付加詞に降格し，前置詞"par"を伴って生起する場合には文法的である。補文の主語が対格もしくは与格で標示される場合には非文である。これに対して，再帰代名詞クリティックが不定詞に接語化している例はすべて非文となる[4]。

(31) a. Jean_i se_i fera téléphoner par son amie.
   SE will-make telephone by his girl friend
   ジャンは恋人に自分に電話させるだろう。
b. *Jean_i se_i fera téléphoner son amie.
   SE will-make telephone his girl friend
c. *Jean_i se_i fera téléphoner à son amie.
   SE will-make telephone to his girl friend

  d. *Jean_i fera se_i téléphoner son amie.
    will-make SE telephone his girl friend
  e. *Jean_i fera se_i téléphoner à son amie.
    will-make SE telephone to his girl friend
  f. *Jean_i fera se_i téléphoner par son amie.
    will-make SE telephone by his girl friend

補文の動詞が直接目的語をとる3項動詞の場合も，間接目的語の再帰代名詞クリティックは使役動詞に接語化しなければならない。この場合にも，補文の主語が前置詞"par"で標示される文のみが文法的となる。

(32) a. Marie_i se_i fera envoyer une invitation par Jean.
    SE will-make send an invitation by
   マリはジャンに自分に招待状を送らせるだろう。
  b. *Marie_i se_i fera envoyer une invitation à Jean.
    SE will-make send an invitation to
  c. *Marie_i se_i fera envoyer une invitation Jean.
    SE will-make send an invitation
  d. *Marie_i fera s_i'envoyer une invitation Jean.
    will-make SE send an invitation
  e. *Marie_i fera s_i'envoyer une invitation à Jean.
    will-make SE send an invitation to
  f. *Marie_i fera s_i'envoyer une invitation par Jean.
    will-make SE send an invitation by

次に，再帰代名詞クリティックの先行詞が補文の主語である場合を見る。この場合は，補文の動詞が2項動詞であるか，3項動詞であるかによって補文の主語の標示に違いが生じる。補文の動詞が間接目的語のみをとる2項動詞の場合には，直接目的語をとる2項動詞と全く同じ結果が得られる。以下

に示されるように，再帰代名詞クリティックは補文の動詞に接語化しなければならず，使役動詞に接語化することはできない。また，補文の主語は対格で標示され，他の標示は非文となる。

(33) a. Le sculpteur fera se_i ressembler toutes ses statues_i.
       the sculptor will-make SE resemble all his statues
       その彫刻家は彼のすべての彫刻をお互いに似たものにするだろう[5]。
    b. *Le sculpteur fera se_i ressembler à toutes ses statues_i.
       the sculptor will-make SE resemble to all his statues
    c. *Le sculpteur fera se_i ressembler par toutes ses statues_i.
       the sculptor will-make SE resemble by all his statues
    d. *Le sculpteur se_i fera ressembler toutes ses statues_i.
       the sculptor SE will-make resemble all his statues
    e. *Le sculpteur se_i fera ressembler à toutes ses statues_i.
       the sculptor SE will-make resemble to all his statues
    f. *Le sculpteur se_i fera ressembler par toutes ses statues_i.
       the sculptor SE will-make resemble by all his statues

補文の動詞が直接目的語をとる3項動詞である場合，再帰代名詞クリティックの生起する位置は2項動詞の場合と同じであるが，補文の主語が与格で標示されるという点が異なる。再帰代名詞クリティックは補文の動詞に接語化しなければならず，補文の主語は前置詞"à"による標示以外は許容されない。また，再帰代名詞クリティックが使役動詞に接語化した場合も非文である。

(34) a. On fait se_i laver les mains à Pierre_i.
       one makes SE wash the hands to
       ピエールは自分の手を洗わせられる。

b. *On fait   se₁ laver les mains Pierre₁.
      one makes SE wash the hands
   c. *On fait   se₁ laver les mains par Pierre₁.
      one makes SE wash the hands by
   d. *On se₁ fait   laver les mains Pierre₁.
      one SE makes wash the hands
   e. *On se₁ fait   laver les mains à Pierre₁.
      one SE makes wash the hands to
   f. *On se₁ fait   laver les mains par Pierre₁.
      one SE makes wash the hands by

このように，再帰代名詞クリティックは，非再帰形代名詞クリティックに比べかなり複雑な分布を示す。まず第一に注目すべき重要な点は，非再帰形ではまったく許されなかった補文の動詞への接語化が許されるという点である。次に重要なのは，使役動詞への接語化と補文の動詞への接語化が，同一指示である先行詞が主文の主語であるか補文の主語であるかという点と密接な関係を持っているということである。

3.2. フランス語における使役構文

再帰用法の再帰代名詞クリティックが使役構文において示す特徴的なふるまいを分析するための土台として，以下ではフランス語の使役構文がどのような構造をもっているかを議論する。まず，フランス語の使役構文の統語的特徴を観察し，先行研究を概観した上で本研究での使役構文に対する分析を提示する。

3.2.1. 使役構文の統語的特性

フランス語における使役構文は，英語と同様に不定詞補文を含む。ただし，英語と異なり2種類の語順が存在する。一つは，英語における例外的格標示構文と同じように，使役動詞に被使役者名詞句，不定詞の順で後続するタイ

プである。これは，動詞"laisser"を用いる使役構文である。この語順は使役構文の他に，いわゆる知覚動詞構文にも見られる。このタイプの場合，被使役者名詞句は前置詞を伴わない。

(35) a. Il laissera son ami manger les gâteaux.
　　　　he will-let his friend eat the cakes
　　　　彼は友人にケーキを食べさせるだろう。
　　 b. Il a laissé son ami partir.
　　　　he let his friend leave 　彼は友人に出発させた。

もう一つのタイプは，被使役者名詞句が補文の動詞に後続し，補文の動詞の種類によって被使役者名詞句の標示が異なるというものである。これは動詞"faire"を用いる場合には義務的な語順であり，前述の動詞"laisser"や知覚動詞を用いた構文でも随意的に見られる語順である。このタイプの場合，補文の動詞の種類と被使役者名詞句の間に以下のような関係が見出される。

補文の動詞が自動詞の場合，(36a)のように被使役者名詞句は動詞に後続しなければならず，(36b)のように動詞に先行する語順は不可能である。また，補文に含まれる前置詞句は被使役者名詞句に後続しなければならず，(36c)のように被使役者名詞句が前置詞句に後続する文は非文である。

(36) a. Jean fera sortir Marie de sa chambre.
　　　　　 will-make leave of her room
　　　　ジャンはマリを部屋から出て行かせるだろう。
　　 b. *Jean fera Marie sortir de sa chambre.
　　　　　 will-make leave of her room
　　 c. *Jean fera sortir de sa chambre Marie.
　　　　　 will-make leave of her room

補文の動詞が他動詞である場合，(37a)のように被使役者名詞句は与格で標

示されるか，もしくは(37b)のように前置詞"par"を伴って生起し，動詞句に後続しなければならない[6]。(37c, d, e)のように前置詞を伴わない対格で標示されている文は非文である。

(37) a. Jean fera　　　manger ce　gâteau à　Pierre.
　　　　will-make eat　　this cake　to
　　　ジャンはピエールにこのケーキを食べさせるだろう。
　　b. Jean fera　　　manger ce　gâteau par Pierre.
　　　　will-make eat　　this cake　by
　　c. *Jean fera　　　Pierre manger ce　gâteau.
　　　　will-make　　　　eat　this cake
　　d. *Jean fera　　　manger Pierre ce　gâteau.
　　　　will-make eat　　this cake
　　e. *Jean fera　　　manger ce　gâteau Pierre.
　　　　will-make eat　　this cake

3.2.2. 使役構文に対する従来の分析

　ここでは，使役構文に対する，生成文法における従来の分析を概観し，問題点を指摘していく。使役構文に関する従来の分析は，主に移動分析と基底生成分析に分けられる。以下でこれらの分析それぞれについて考察を加える。

3.2.2.1. 移動分析

　移動分析は，Burzio(1986)，Aoun(1985)，Reed(1990)などが提案しているものである。動詞"faire"は補文としてS(もしくはCP)をとるが，"faire"単独では被使役者名詞句に格付与できないために，VP(V')が移動するというものである。それぞれ(38)のような構造を仮定している。Burzio, Aoun は初期の統率・束縛理論の枠組みを用いているので，補文の範疇がSとなっているのに対し，Reedは原理とパラメータのアプローチの枠組みを用いているのでCPとなっているが，補文については同じ構造であると考えてよい。Reedではさらに，AGRという範疇も仮定されているが，

この範疇は初期の統率・束縛理論においては存在しなかったのでやはり本質的な違いはない。これらの構造において，(38a)のBurzioはVPの移動，(38b)のAounはV'の移動，(38c)のReedはV，VP，AGRPの移動をそれぞれ仮定している。いずれの分析も，使役構文における被使役者名詞句と動詞(句)の倒置現象を，補文の動詞句全体を移動させることによって説明している。

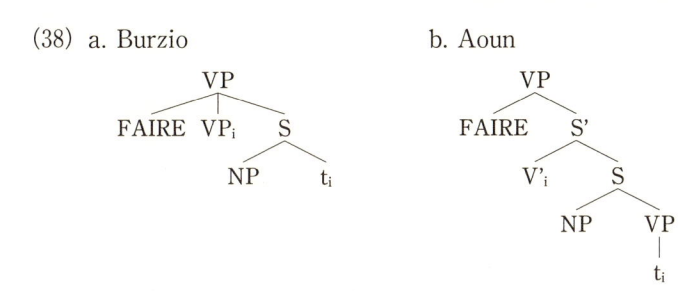

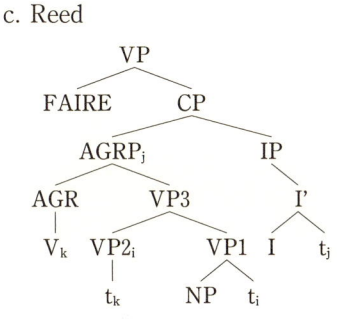

(38) a. Burzio   b. Aoun

c. Reed

しかし，これらの分析には，次のような問題点がある。これらの分析に従うと，補文の動詞が自動詞の場合，(36c)のように被使役者名詞句が前置詞句に後続する文を生成してしまう。

(36) c. *Jean fera   sortir de sa chambre Marie.
         will-make leave of her room

Burzio, Aoun はこの点には言及していない。Reed は，この文の非文法性は，NP が動詞に隣接していないので格を付与されないためであると説明する。したがって，動詞と名詞句との隣接性が守られ，格理論上の問題が生じないように，(39)のように V 移動の可能性が選択されるとしている。

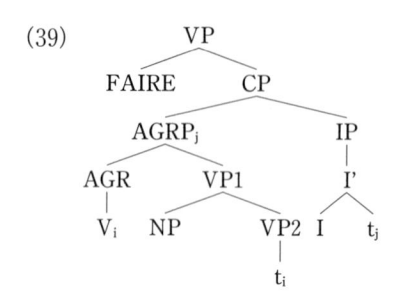

(39)
```
              VP
           /      \
        FAIRE      CP
                /      \
            AGRPⱼ       IP
           /    \      /  \
         AGR   VP1    I'
          |   /  \   / \
         Vᵢ  NP  VP2 I  tⱼ
                  |
                  tᵢ
```

しかし，(40)の例が示すように，英語と異なり，フランス語においては動詞と目的語の間に副詞が介在しても文法的であることから，隣接条件を移動の動機にすることはできない。

(40) Jean embrasse souvent Marie.
    kisses *often*
  ジャンはしばしばマリにキスする。

このことから，VP 移動と V 移動の選択が動機付けられないという問題点が残り，妥当な分析とは言えない。

3.2.2.2. 基底生成分析

　基底生成分析は，Rosen(1989)が提案しているものである。Rosen は，基底生成される時点で，被使役者名詞句が VP 内の右側に位置すると分析している。

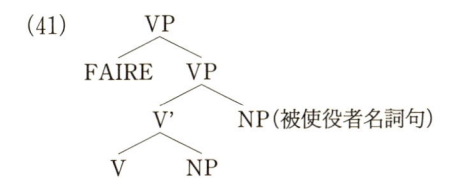

(41)
```
          VP
      ／    ＼
  FAIRE     VP
          ／    ＼
        V'       NP(被使役者名詞句)
      ／  ＼
     V    NP
```

格付与に関しては，"faire" と補文の動詞が融合することによってなされるとしている。そして，ロマンス諸語の動詞に [Acc Dat] という格の型(Case template)を仮定し，これに従って左から右へ順に格が付与されると仮定している。

しかし，この分析においても，VP移動と全く同じ問題が生じてしまう。補文が自動詞の場合には次に示される非文を生成してしまうのである。

(36) c. *Jean fera   sortir de sa chambre Marie.
        will-make *leave of her room*

Rosen はこれを避けるために PP を動詞句もしくは動詞句の外に付加させる外置を仮定しているが，この操作は理論的に動機付けが不十分である。

このように，VP移動の分析も基底生成の分析も，補文が自動詞である場合と他動詞である場合を統一的に説明し得ていない点が問題である。本研究ではこの点に留意し，統一的に説明できる分析を提示する。

3.2.3. 使役動詞の特性

本研究では，使役構文の構造について，最小主義プログラムの枠組みを用いて次のように仮定する。

(42) a. 使役構文の補文は動詞句である。
    b. 倒置を含む使役構文において，動詞 "faire" と補文の動詞は顕在的統語構造(overt syntax)において主要部移動による統語的複合動

詞を形成する。

つまり，動詞"faire"による使役構文の場合，"faire"の語彙的特性として補文の動詞と統語的に複合動詞を形成しなければならないため，結果として補文の主語である被使役者名詞句と補文の動詞が倒置するという考え方である。この考え方をとれば，後に述べるように，補文の動詞が他動詞である場合に見られる被使役者名詞句と補文動詞句との倒置や，被使役者名詞句の標示も自然に説明される。

　(42a)の条件は，Guasti(1989)，Rosen(1989)などが提案しているものと同じものである。(42b)の条件は，Goodall(1986)，Rosen(1989)などでも提案されているものである。しかし，彼らはその理由について明確に言及していない。ここで，なぜ"faire"が統語的複合動詞を形成するという語彙的特性を持っているのかを考えてみよう。次に示されるように，補文の動詞が繰り上がっていない文は非文となる。

(37) c. *Jean fera　　Pierre manger ce　gâteau.
　　　　 will-make　　 eat　 this cake

したがって，補文の動詞が移動しているのは明らかである。その理論的理由は，次の文により示唆されている。これについて考察を進めよう。

(37) d. *Jean fera　　manger Pierre ce　gâteau.
　　　　 will-make　 eat　　　　 this cake
　　e. *Jean fera　　manger ce　gâteau Pierre.
　　　　 will-make　 eat　 this cake

これらの例が示しているのは，単に補文の動詞が移動しているばかりではなく，補文の主語である被使役者名詞句と補文の目的語が同時に対格で生起することが不可能であるということである。

一般的に補文の動詞が他動詞の場合，補文が VP であるとすると基底構造は(43)に示されるようになる。

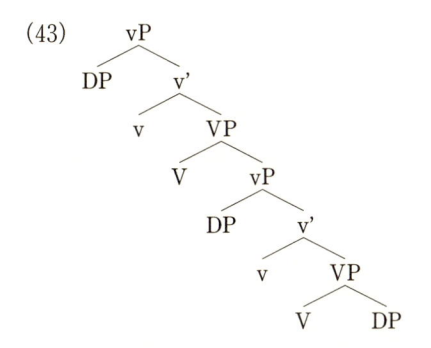

(43)
```
        vP
       /  \
      DP   v'
          /  \
         v    VP
              / \
             V   vP
                / \
               DP  v'
                  / \
                 v   VP
                    / \
                   V   DP
```

この構造で格照合を必要とする名詞句は主文の主語，補文の主語と補文の目的語の三つである。通常は主文の主語は主文の TP 指定部で主格を，補文の主語は主動詞に対格を，補文の目的語は補文の動詞に対格をそれぞれ照合される。もしこの格照合が可能であれば，補文の主語と補文の目的語がいずれも対格で生起できるはずである。すでに述べた動詞 "laisser" を用いた構文がそれに対応する。

(44) Je laisse les enfants regarder la télévision.
　　 I   let   the children watch   the television
　　 私は子供達にテレビを見させておく。

この構造をもとに，補文の動詞の主要部移動を含んだ構造は(45)のようになる。

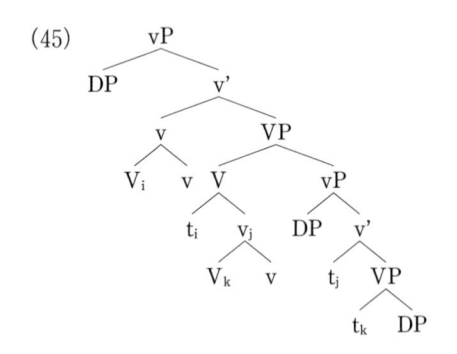

(45)
```
         vP
        /  \
       DP   v'
           /  \
          v    VP
         /|   / \
        V_i v  V  vP
           t_i v_j DP v'
              / \     / \
             V_k v   t_j VP
                         / \
                        t_k DP
```

　しかし，このような構造は動詞"faire"では許されない。それはなぜであろうか。本研究では，補文の動詞が主文の動詞に繰り上がる際，主文の動詞"faire"が補文の動詞の対格素性を吸収してしまうと考える。これはちょうど，受動形態素が他動詞の対格素性を吸収してしまうのと同じ性質のものである[7]。したがって，この使役構文の構造で対格の照合ができるのは主文の動詞のみということになり，一つの対格名詞句の照合は可能であるが，二つの対格名詞句の照合が不可能になる。このため，対格名詞句が二つ生起している(37c, d, e)が非文であることが説明される。つまり，動詞"faire"が複合動詞を形成するという語彙的性質は，この格素性の吸収という特性に起因するのである。格素性の吸収が義務的なため，補文の動詞が主文の動詞まで繰り上がるのである。

　以上は補文の動詞が他動詞の場合であるが，自動詞の場合も同様に考えることができる。自動詞の場合には構造格を照合することは不可能であるが，内在格(inherent case)[8]素性を持っていると考えることができる。内在格の照合そのものについてはそれ自体詳細な議論が必要なので，ここでそのメカニズムに言及することは避けるが，自動詞が内在格を認可できることを示唆する一例として，次のような例が挙げられる。

(46) a. Il est venu plusieurs personnes.
　　　　it came several persons　　何人かの人が来た。

b. Je me demande bien quand a crié Pierre.
　　I wonder　　　 well when cried
　　ピエールはいつ叫んだのだろうか(と私は思う)。

(46a)は非人称構文,(46b)は文体的倒置構文である[9]。これらの文ではいずれも主語名詞句が自動詞に後続している。フランス語では通常,主語名詞句は顕在的統語構造(overt syntax)において TP 指定部に移動し格照合を受ける。このように主語名詞句が動詞に後続している文では,主語名詞句が TP 指定部以外で格を認可されていると考えられる。すなわち,自動詞によって認可される内在格である。補文の動詞が自動詞の場合,"faire"は構造格の代わりに内在格素性を吸収することによって特性を満たすと考えることができる。このように考えると,補文の動詞が自動詞であれ他動詞であれ,その移動が"faire"の満たさねばならない特性による義務的な移動であることが説明できる。

以下では,被使役者名詞句の標示が異なる自動詞補文と他動詞補文に分け,具体的な構造を考察する。

3.2.3.1. 補文の動詞が自動詞の場合

倒置を含む使役構文では(42a)の条件,すなわち補文の構造に関する特性により補文が vP となる。動詞"faire"は(42b)によって示される語彙的条件を満たさねばならない。すなわち,補文の動詞の格素性を吸収しなければならない。この場合,補文の動詞は自動詞なので内在格を吸収する。そのため,顕在的統語構造において補文の動詞は使役動詞に繰り上がり,統語的複合動詞を形成する[10]。フランス語の場合,時制要素 T の素性が強いため,定動詞は顕在的統語構造において T まで繰り上がっていなければならないので,定動詞である使役動詞は T まで繰り上がらねばならない[11]。本研究では,次のように使役動詞が複合動詞から excorporate すると考える[12]。ここで補文の動詞を含む複合動詞が全体として移動するのではないことに留意されたい。このことは,次の例で示されるように,動詞"faire"と補文の動詞との間に他の要素が介在することができるという事実によって支持される。

(47) a. Ils la feront sans aucun doute pleurer.
 they her will-make without any doubt cry
 彼らは間違いなく彼女を泣かせるだろう。

b. Ils ne font sûrement pas boire du vin à leurs enfants.
 they make surely not drink some wine to their children
 彼らは子供達に絶対ワインを飲ませない。

c. Elles feront toutes les trois soigneusement contrôler leurs voitures.
 they will-make all the three carefully check their cars
 彼女らは3人とも自分達の車を入念に点検させるだろう。

(Kayne 1977)

この事実は，顕在的統語構造においてすでに動詞"faire"と補文の動詞が統語的に分離していることを示している。
 さらに，フランス語においてはTのN素性が強いため，主格素性をもつ名詞句が顕在的統語構造において照合されねばならないので，TP指定部に移動する。この構造を示したのが(48)である。この派生は問題がないので，対応する(36a)の文が文法的となる。

(36) a. Jean fera sortir Marie de sa chambre.
 will-make leave of her room

これに対して，次の文は非文である。

(36) b. *Jean fera Marie sortir de sa chambre.
 will-make leave of her room
c. *Jean fera sortir de sa chambre Marie.
 will-make leave of her room

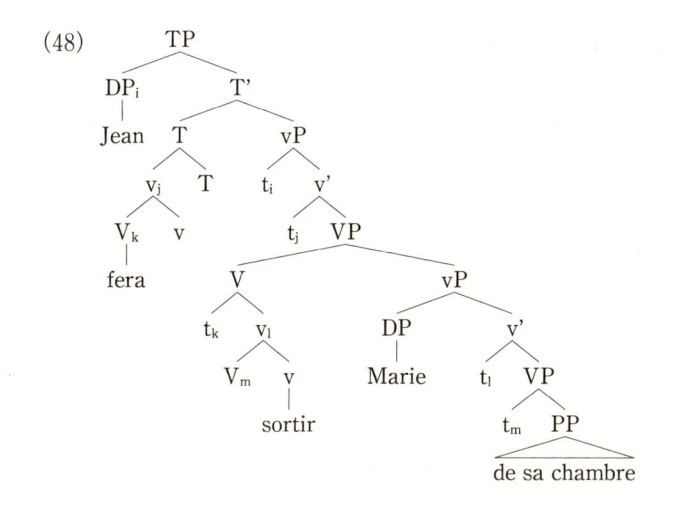

(48)
```
                TP
          ┌─────┴─────┐
         DPᵢ          T'
          │       ┌───┴───┐
         Jean     T       vP
              ┌───┴──┐  ┌─┴──┐
              vⱼ     T  tᵢ   v'
           ┌──┴─┐      ┌─┴──┐
           Vₖ   v      tⱼ   VP
           │        ┌───────┴────────┐
          fera      V                vP
                 ┌──┴──┐          ┌──┴──┐
                 tₖ   vₗ         DP     v'
                    ┌─┴─┐         │   ┌─┴──┐
                    Vₘ  v        Marie tₗ  VP
                    │                    ┌─┴──┐
                   sortir                tₘ   PP
                                              │
                                        de sa chambre
```

本研究の分析に従うと，(36b)の語順は，被使役者名詞句が使役動詞が占めるTと不定詞が占める主節のVの間の位置に移動することによって得られる。可能性として考えられるのは格照合のためのVP指定部への移動だが，フランス語においては対格の照合が移動ではなく一致操作(Agree)によってなされる[13]。このため，対格の照合は移動の動機付けにはならない。したがって，移動を牽引する要因が存在せず，Greed(Last Resort principle)の違反となる[14]。このために，非文となるのである。また，(36c)は，被使役者名詞句が動詞句の末尾に生起している文である。この語順となる派生には二つの可能性が考えられる。一つは，PPを補文のvPの左側に付加する，もしくは被使役者名詞句をvPの右側に付加するという移動を行うというものである。しかし，これらの移動は動機付けがないため，Greedに違反してしまう。もう一つの可能性は，補文の主語である被使役者名詞句がv'の左側ではなく右側に併合されるというものである。この派生は何らかの原理に違反するものではないが，有標な操作である。対格名詞句は統語的に無標な要素であるので，このような派生は排除されると考えられる[15]。以上の考察から，(36c)も非文となると説明される。

3.2.3.2. 補文の動詞が他動詞の場合

　補文の動詞が他動詞の場合にも，補文がvPであることには変わりがない。使役動詞"faire"は補文の動詞である不定詞と複合動詞を形成しなければならないので，不定詞は動詞"faire"に主要部移動しなければならない。したがって，自動詞の場合と同様，補文の動詞が被使役者名詞句に後続する次の文は非文である。

(37) c. *Jean fera　　　Pierre manger ce　gâteau.
　　　　　will-make　　　　　　　*eat*　　*this cake*

ここで問題となるのは，補文の主語である被使役者名詞句と補文の動詞の目的語名詞句の格照合である。すでに述べたように，動詞"faire"は補文の動詞の格素性を吸収してしまうので，二つの名詞句の対格を同時に照合することは不可能である。以上の理由により，(37c)とは語順の異なる(37d, e)も非文となる。

(37) d. *Jean fera　　　 manger Pierre ce　gâteau.
　　　　　will-make eat　　　　　　　*this cake*
　　e. *Jean fera　　　 manger ce　gâteau Pierre.
　　　　　will-make eat　　*this cake*

　では，使役構文において他動詞補文が生起する場合，どのような構造となるのであろうか。本研究では，二つの異なった派生が存在し，そのために2種類の被使役者名詞句の標示が存在することを主張する。一つの派生は，動詞"faire"のもつ特性によって許されるものである。本研究では，動詞"faire"には，対格素性を持つものに加えて，対格素性の他に与格素性も持つものもあると考える。つまり，項構造は異なるが，格素性としては二重目的語をとる動詞と同じであると考えるのである。英語と異なり，フランス語では与格は前置詞"à"によって標示されねばならない。

(49) Jean a donné un livre à Marie.
　　　　gave　　 a　book　to　　　　ジャンはマリに本をあげた。

これと同様に，動詞"faire"の特性によって，使役構文でも補文の主語が与格で生起するのである。

(37) a. Jean fera　　manger ce　gâteau à Pierre.
　　　　 will-make　 eat　　 this cake　 to

では，具体的にどのような派生となるかを見ていこう。最も重要なのは，与格で標示される被使役者名詞句がどのように格照合されるかということである。本研究では，与格名詞句も対格名詞句と同様に複合動詞によって格照合を受けると考える。ただし，対格で標示される場合と異なり，与格で標示された被使役者名詞句は補文の動詞句の末尾に生起する。これは，与格で標示される名詞句はvP内において，v'の右側に併合されるためであると考えたい。名詞句が格照合のために移動した構造を以下に示す。

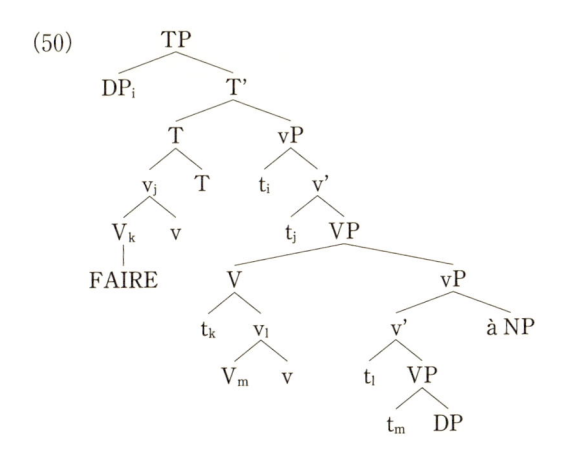

(50)　　　　　　TP
　　　　　┌───┴───┐
　　　　 DP$_i$　　　　　T'
　　　　　　　　┌───┴───┐
　　　　　　　　T　　　　　vP
　　　　　　┌─┴─┐　┌─┴─┐
　　　　　 v$_j$　　T　 t$_i$　　v'
　　　　　┌┴┐　　　　　┌─┴─┐
　　　　V$_k$　v　　　　 t$_j$　　VP
　　　　　│　　　　　　　　┌─┴─┐
　　　　FAIRE　　　　　　 V　　　vP
　　　　　　　　　　　　┌┴┐　┌─┴─┐
　　　　　　　　　　　 t$_k$　v$_l$　v'　　à NP
　　　　　　　　　　　　┌┴┐　┌─┴─┐
　　　　　　　　　　　 V$_m$　v　 t$_l$　VP
　　　　　　　　　　　　　　　　　┌┴┐
　　　　　　　　　　　　　　　　 t$_m$　DP

この派生において，不定詞の直接目的語である対格名詞句と被使役者名詞句

である与格名詞句はいずれも補文の動詞句内において複合動詞によって格照合される。これは，通常の3項動詞における格照合と同じメカニズムである。

　もう一つの派生は，Larson(1988)において提案されている項降格(Argument Demotion)の操作がなされた補文の構造となると考える[16]。項降格は(51)のように定義される。

(51) 項降格：
　　α が X_i によって与えられる θ 役割であるなら，α は X_i の付加部に付与されることができる。

これは，受動文における動作主が前置詞句で現れる場合になされる操作である。先に述べたように，補文の動詞の格素性が吸収されるという意味で，受動文と使役構文は同じ性質を備えていると本研究では考えるので，受動文と使役構文において共通の操作が行われると考えるのは不自然ではない。この操作が行われると，補文の主語はPP内に生起するので動詞によって格照合を受ける必要がない。この構造は以下に示される。

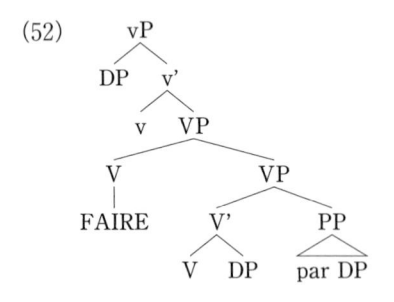

(52)　　　　vP
　　　　　／＼
　　　　DP　v'
　　　　　　／＼
　　　　　v　VP
　　　　　　／＼
　　　　　V　　VP
　　　　　│　　／＼
　　　　FAIRE V'　PP
　　　　　　／＼　／＼
　　　　　V　DP par DP

この構造においては，動詞によって格照合を受けるのは補文の目的語名詞句のみということになる。フランス語においては，降格した動作主を表す名詞句は前置詞"par"によって標示される。これは，(53)の受動文に示される通りである。

(53) Marie est invitée par Jean.
　　　 is   invited by
　　　　　　　　　　　　　マリはジャンに招待されている。

したがって，使役構文においても動作主が同じ前置詞で標示されると予想されるが，実際にこの構造に対応する文では動作主が前置詞"par"によって標示されるのである。

(37) b. Jean fera   manger ce gâteau par Pierre.
　　　　 will-make eat   this cake   by

また，動詞によっては，受動文において"par"の代わりに前置詞"de"によって降格した名詞句が標示される場合がある。この場合には，使役構文においても"de"が現れる[17]。

(54) a. Marie est haïe de tout le monde.
　　　　　　is hated of everybody
　　　マリはみんなに憎まれている。
　　b. Marie est arrivée à se faire haïr de tout le monde.
　　　　　　arrived   to SE make hate of everybody
　　　マリはみんなに憎まれるようにすることに成功した。
　　　　　　　　　　　　　　　　　　　　　　　　(Kayne 1977)

さらに，他動詞でも受動化が許されない動詞の場合には，使役構文において動作主が前置詞"par"で標示されることはない。

(55) a. *Ma maison sera   quittée par Jean demain.
　　　　 my house will-be left   by   tomorrow
　　b. *Je ferai   quitter ma maison par Jean demain.
　　　　 I will-make leave my house   by   tomorrow   (ibid.)

以上の事実から，Kayne が指摘するように，被使役者名詞句が前置詞 "par" によって標示される使役構文と受動文とでは同じ統語的操作が関与していることは明らかである。本研究では，両者の共通性を動詞 "faire" と受動形態素の特性という観点から捉え，以下のように仮定したい。

(56) 与格素性を持たない使役動詞 "faire" は，不定詞の対格素性および動作主の θ 役割を吸収する。

この仮定は，受動文における受動形態素に関して一般に仮定されているものである。このように考えると，受動文にできない自動詞が使役構文の不定詞として生起した場合に，被使役者名詞句が前置詞 "par" によって標示されないという事実が簡潔に説明される。すなわち，使役動詞が対格素性を吸収するという条件を満たすことができないために非文となるのである。

3.3. 使役構文における再帰代名詞クリティックの分析

3.2 で提示した使役構文の分析を前提として，以下では使役構文における再帰用法の再帰代名詞クリティックの分布について分析を進めていく。

3.3.1. 従来の分析

使役構文における再帰代名詞クリティックのふるまいに関する先行研究は，統率・束縛理論以前の枠組みでは Kayne(1977) などが挙げられるが，すでに言及したように，統率・束縛理論以降，特に最小主義プログラムにおいては理論的に受け入れられないものである。これに対し，統率・束縛理論において，ある程度原理に基づいた形でこの現象に関して最も網羅的な分析を提示しているのは，Burzio(1986) である。

Burzio は，使役構文の構造を以下のように仮定している。

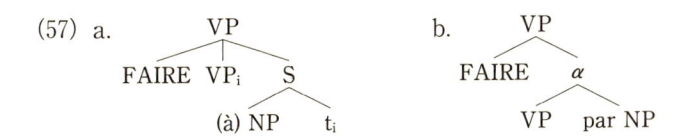

(57) a. 　　　　VP　　　　　　　b.　　　　　VP
　　　┌──────┼──────┐　　　　　　┌─────┼─────┐
　　FAIRE　VPᵢ　　　S　　　　　　FAIRE　　　α
　　　　　　　　┌───┴───┐　　　　　　　　┌───┴───┐
　　　　　　　(à) NP　　tᵢ　　　　　　　　VP　　par NP

(57a)の構造は，補文の主語が対格もしくは与格で標示される場合のものである。この構造では，補文の動詞句が主文の動詞句に付加し，補文の主語が補文のS内に単独で残っている。この移動によって，使役構文の補文における主語と動詞句の倒置が説明される。これに対し，(57b)の構造は，補文の主語が前置詞"par"で標示される場合のものである。補文は受動化されたVPとなっている。これらの構造に基づいて，次に示すイタリア語の例およびそれに対応するフランス語の例が同じように説明できるとしている。

(58) a.　Mariaᵢ siᵢ è fatta accusare da Giovanni.
　　　　　SE　　made　accuse　by
　　　マリアはジョヴァンニに自分を非難させた。
　　 b. *Mariaᵢ siᵢ è fatta accusare a Giovanni.
　　　　　SE　　made　accuse　to

これに対応するフランス語の例は以下の文である。

(29) a.　Marieᵢ seᵢ fait　coiffer　par la　coiffeuse.
　　　　　SE　makes cut hair　by　the barber
　　 b. *Marieᵢ seᵢ fait　coiffer　à la　coiffeuse.
　　　　　SE　makes cut hair　to　the barber

(57a)の構造では，"à NP"がD構造において主語であるのに対し，(57b)では"par NP"が主語となっていない。したがって，(58b)，(29b)は指定主語条件の違反によって排除されるのに対し，(58a)，(29a)は違反となら

ず文法的となると説明する[18]。

　この分析では，まず使役構文の構造に関して，3.2.2 で述べた移動分析における問題点が存在する。それ以外にこの分析で問題となるのは，"à NP"の特徴付けである。補文の動詞が他動詞である場合に，なぜ補文の主語が与格で標示されるのかという点について，Burzio は次のような与格化規則を設定している。

(59) Dativization: NP NP → NP à NP

この規則は，使役構文の構造に言及したものではなく，まったく表層における線的語順に基づいて規定するものである。したがって，構造に言及しないことに起因する過剰生成が生じてしまう。具体的には，この規則に従うと，使役構文以外の構文で与格が生起しない構文でも"à NP"の生起を予想してしまう。

(60) a.　Il　a appelé son fils Paul.
　　　　 he called　 his son　　　　彼は息子をポールと名付けた。
　　 b. *Il　a appelé son fils à Paul.
　　　　 he called　 his son to

このことから，Burzio の分析は使役構文における"à NP"の統語的特性を十分に捉えきれておらず，再帰代名詞クリティックの分析もその場しのぎのものであると言わざるを得ない。

　このようなことから，本研究では，3.2.3 で提示した使役構文の構造を基に，あくまでも構造に言及する形での再帰代名詞クリティックの認可条件を設定し，理論的に妥当な分析を提示したい。

3.3.2. 直接目的語の再帰代名詞クリティック

　3.1 で観察したデータの中で，再帰代名詞クリティックが補文の直接目的

語である場合から分析を進める。まず，非再帰形直接目的語クリティックとの最も重要な違いは，非再帰形ではまったく許されない不定詞への接語化が許されるという点である。

(28) c. *Jean a fait le manger à/par Pierre.
        made it eat   to/by
    e. *Jean a fait le manger Pierre.
        made it eat
(30) a. Jean fait se_i laver les enfants_i.
        makes SE wash the children

非再帰形代名詞クリティックが不定詞に接語化できないのは，使役動詞が不定詞の格素性を吸収するためである。1.2で仮定したように，代名詞クリティックの格照合は接語化した動詞によってなされる。動詞による名詞句の格照合が複合動詞形成後に行われるとすると，使役動詞が不定詞の対格素性を吸収しているので不定詞による対格の照合が不可能となる。このために，代名詞クリティックが不定詞に接語化した文は非文となると説明できる。

では，再帰代名詞クリティックの場合になぜ不定詞に接語化することが可能なのであろうか。この問題を考えるために，以下の文の派生を考える。

(30) a. Jean fait se_i laver les enfants_i.
        makes SE wash the children

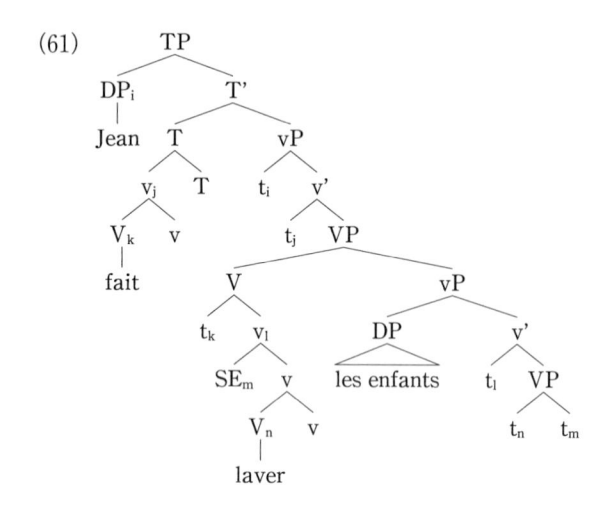

(61)
```
              TP
            /    \
          DPᵢ     T'
           |    /    \
          Jean T      vP
              / \    /  \
             vⱼ  T  tᵢ   v'
            /  \      /    \
           Vₖ   v    tⱼ    VP
           |          /    \
          fait       V      vP
                   /  \    /   \
                  tₖ  vₗ  DP    v'
                  / \    |    /   \
                SEₘ  v  les  tₗ   VP
                 / \   enfants   / \
                Vₙ  v           tₙ  tₘ
                |
               laver
```

再帰代名詞クリティックは補文の不定詞の v に主要部移動する[19]。補文の v は主節の使役動詞と複合動詞を形成するために主要部移動する。この段階で，使役動詞が不定詞の対格素性を吸収するとすると，再帰代名詞クリティックと被使役者名詞句のいずれかが適切に対格の照合を受けられないことになる。被使役者名詞句は通常の名詞句であるので，特別な操作によって対格を照合されるとは考えにくいため，再帰代名詞クリティックに特別な操作がなされると考えるのが妥当であろう。ここで注目したいのは，再帰代名詞クリティックが動詞の素性を変える働きをもっている点である。これは，単なる主要部移動よりも動詞との結びつきが強いことを示している。1.1 では，この関係が再帰代名詞クリティックと動詞との同一指標付けによって確立されると述べた。この同一指標付けの際に，再帰代名詞クリティックの格照合も同時になされると考えることができる。つまり，複合動詞が形成される前にクリティックの格照合がなされるのである。この段階で，不定詞は自動詞としての統語的ステイタスを持つことになり，自動詞として使役動詞と複合動詞を形成する。このため，被使役者名詞句の対格の照合が使役動詞によって適切に行われるのである。

　ただし，ここで留意しなければならない点がある。非再帰代名詞クリ

ティックは使役構文において不定詞に接語化できないので，同じ派生が成り立たないということである。非再帰代名詞クリティックの場合には単なる主要部移動であり，動詞との同一指標付けという操作は行われない。したがって，統語的には動詞と一体となっているが，語としては動詞からは独立していることになる。このために，通常の名詞句と同じように複合動詞が形成された後に格照合されることになり，不定詞に接語化することができないのである。

以上の議論を前提として，再帰代名詞クリティックがどのように認可されるかを，まず再帰代名詞クリティックが補文の主語を先行詞とする場合，次に主文の主語を先行詞とする場合について考察する。

3.3.2.1. 補文の主語を先行詞とする場合

まず，文法的な文である(30a)の派生を考えてみよう。

(30) a. Jean fait se$_i$ laver les enfants$_i$.
 　　　　 makes SE wash the children

再帰代名詞クリティックが格照合のために動詞に主要部移動する点については，すでに述べた通りである。再帰代名詞クリティックにはもう一つの条件が課される。照応表現に課される束縛条件Aである。

(62) A：再帰標示された統語的述語は再帰的である。

ここで，束縛条件が関与する統語的述語とは，外項である主語を含んだ述語であると考えよう。すると，この場合束縛条件が課されるのは補文の下位の動詞句である。補文の動詞がθ役割を与える目的語はSELF照応表現である再帰代名詞クリティックなので，補文の動詞は再帰標示されていることになる。この下位の動詞句の項は，直接目的語，すなわち再帰代名詞クリティックと外項である補文の主語である。(30a)ではこの二つの項が同一指標を持っているので，再帰的である。したがって，束縛条件Aが満たされ

る。これにより，再帰代名詞クリティックはすべての認可条件を満たすため，(30a)は文法的となるのである。

　(30a)と同じ語順，同じ意味を持つ文で，補文の主語の標示のみが異なる(30b, c)は非文となる。

(30) b. *Jean fait　se₁ laver aux　enfants₁.
　　　　　　makes SE　wash to-the children
　　c. *Jean fait　se₁ laver par les enfants₁.
　　　　　　makes SE　wash by　the children

再帰代名詞クリティックの位置は(30a)と同じであるから，格照合は適切になされるはずである。では，なぜこれらの文は非文となるのであろうか。これは，直接目的語の再帰代名詞クリティックが不定詞に接語化している場合には，再帰代名詞クリティックと不定詞との同一指標付けにより，不定詞が統語的に自動詞としてふるまうためであると説明できる。これらの例が非文となるのは，以下の自動詞を含む使役構文のうち(63b, c, e, f)が非文となるのと同じ理由による。

(63) a.　Elle a fait partir ses amis.
　　　　　　she made leave her friends
　　　　彼女は友人たちを出発させた。
　　b. *Elle a fait partir à ses amis.
　　　　　　she made leave to her friends
　　c. *Elle a fait partir par ses amis.
　　　　　　she made leave by her friends
　　d.　Cela fera　　rire tout le monde.
　　　　　　that will-make laugh everybody
　　　　それはみんなを笑わせるだろう。

  e. *Cela fera   rire   à tout le monde.
    that *will-make* *laugh* *to* *everybody*

  f. *Cela fera   rire   par tout le monde.
    that *will-make* *laugh* *by* *everybody*

　これらの文では，使役動詞が被使役者名詞句の対格を照合することができる。対格という格は主格と同様に無標の格であり，必ず照合されるべき格である。もし与格によって被使役者名詞句が標示されると，動詞の対格素性が照合されないままになるために非文となるのである。また，前置詞"par"が用いられる使役構文では，3.2.3で述べたように動詞"faire"が不定詞の対格素性を吸収しなければならない。しかし，再帰代名詞クリティックが編入した不定詞は同一指標付けによって対格素性を失い自動詞のステイタスを持つことになる。このため，"faire"が対格素性を吸収できないので非文となる。

　以上は補文の動詞に接語化された例であるが，(30a)の表す意味と同じ意味で，主文の動詞に接語化された例は，補文の主語の標示に関係なく，いずれも非文であった。次に，これらの例の分析を進めよう。

(30) d. *Jean se$_i$ fait   laver les enfants$_i$.
    SE *makes* *wash* *the children*

  e. *Jean se$_i$ fait   laver aux   enfants$_i$.
    SE *makes* *wash* *to-the children*

  f. *Jean se$_i$ fait   laver par les enfants$_i$.
    SE *makes* *wash* *by* *the children*

　ここで，再帰代名詞クリティックが補文の動詞ではなく，主文の動詞に接語化するということが統語構造上どのような意味を持つかを考えねばならない。再帰代名詞クリティックは接語化した動詞要素と同一指標付けがなされると考えられる。すると，これらの例においては，再帰代名詞クリティックは不定詞ではなく，主節の使役動詞と同一指標付けされることになる。(30d)を

例に，以下に構造を示す[20]。

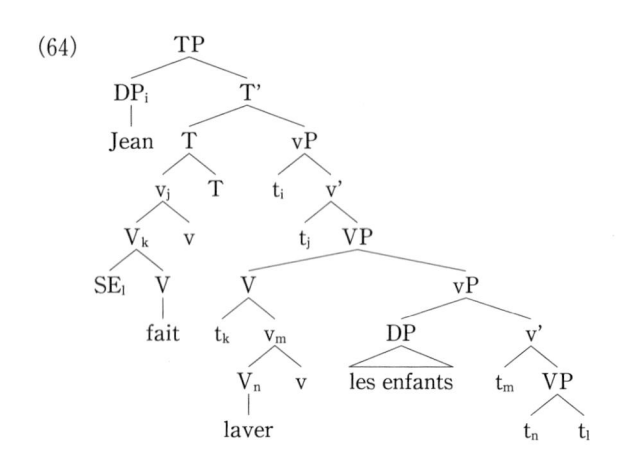

(64)
```
              TP
           /      \
         DPᵢ       T'
          |      /    \
         Jean   T      vP
              /  \    /  \
             vⱼ   T  tᵢ   v'
            / \        \
           Vₖ  v         VP
           |          /      \
          SEₗ  V     V        vP
              |   /  \      /    \
             fait tₖ  vₘ   DP     v'
                     / \   |    /   \
                    Vₙ  v les enfants tₘ VP
                    |                  /  \
                   laver               tₙ  tₗ
```

この構造では，再帰代名詞クリティックが不定詞ではなく，不定詞と使役動詞によって形成される複合動詞に主要部移動している。複合動詞の中心要素は使役動詞であるので，素性照合は使役動詞に対してなされ，同一指標付けが行われる。動詞と同一指標を持つ再帰代名詞クリティックは編入による対格素性の照合を受けているので，使役動詞の対格素性は被使役者名詞句との照合が不可能である。このため，被使役者名詞句が対格で標示されている(30d)が非文となる。

一方，与格で標示されている(30e)と前置詞"par"で標示されている(30f)は，格照合という点では問題ない派生となる。実際，後者の構造は文法的な場合がある。

(29) a. Marieᵢ seᵢ fait   coiffer par la coiffeuse.
        SE makes cut hair by   the barber

では，(30e, f)が非文となるのはどの条件を満たさないためであろうか。原因として考えられるのは，もう一つの認可条件，すなわち束縛条件Aであ

る。これらの文に束縛条件Aが適用される場合の統語的述語を示すと，次のようになる。

(65) a. [Jean se_i fait [laver aux enfants_i t_i]]
　　 b. [Jean se_i fait laver t_i par les enfants_i]

まず(30e)に対応する(65a)であるが，統語的述語を形成するのは，主文と補文である。補文には再帰代名詞クリティックの痕跡が含まれる。このようにSELF照応表現の痕跡も述語を再帰標示すると考えられる[21]。すると，主文と補文の統語的述語それぞれに束縛条件Aが適用されるということになる。補文では，補文の動詞によって θ 役割が与えられる再帰代名詞クリティックの痕跡と，外項である主語"enfants"とが同一指標を持っているので束縛条件が満たされる。問題は主文である。移動先の再帰代名詞クリティックは主文のVP指定部で格照合されるので，定義上主文の統語的述語に含まれる。しかし，もう一つの主文の統語的項である主文の主語と同一指標を持っていない。したがって，束縛条件が満たされないことになり，非文となるのである。

次に(30f)に対応する(65b)を考えると，この文では主語が降格し前置詞"par"で標示されているので，補文の述語は外項としての主語を含んでいないことになる。このように述語が外項を含まない不完全なものであり，かつ再帰代名詞クリティックが主文の動詞に接語化している場合，補文の述語に対する束縛条件Aの適用がキャンセルされ，上位の文に受け継がれると考えることができる。すると，(30f)の文で束縛条件が適用される統語的述語は，主文の述語のみということになる。主文の統語的述語を見ると，降格した補文の主語は当然項ではないので，統語的項は主文の主語と再帰代名詞クリティックのみである[22]。この二つの項は同一指標を持っていない。したがって，結果的に束縛条件が満たされず，(30e)と同様，(30f)も非文となるのである。

3.3.2.2. 主文の主語を先行詞とする場合

次に，再帰代名詞クリティックの先行詞が，主文の主語である場合の例を考えてみよう。この場合，再帰代名詞クリティックが使役動詞に接語化し，かつ補文の主語が降格して前置詞"par"によって標示される例のみが文法的となる。

(29) a. Marie₁ se₁ fait   coiffer   par la   coiffeuse.
         SE makes cut hair by   the barber

この文の派生を示すと，以下のようになる。

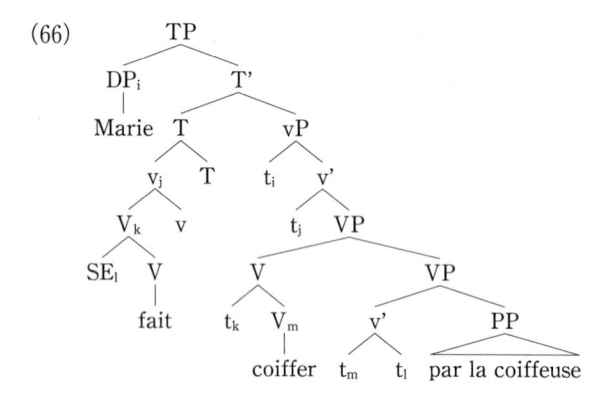

(66)
```
                TP
        ┌───────┴───────┐
       DPᵢ              T'
        │       ┌───────┴───────┐
      Marie     T              vP
            ┌───┴───┐      ┌────┴────┐
           vⱼ       T     tᵢ        v'
        ┌──┴──┐          ┌───┴───┐
       Vₖ     v         tⱼ      VP
      ┌─┴─┐          ┌──────┴──────┐
    SE₁   V          V             VP
          │      ┌───┴───┐    ┌────┴────┐
         fait   tₖ      Vₘ   v'         PP
                         │  ┌─┴─┐       │
                      coiffer tₘ tₗ  par la coiffeuse
```

再帰代名詞クリティックは動詞"faire"との同一指標付けで対格素性の照合を受け，被使役者名詞句は前置詞句内で格照合を受けるので，格照合に関しては問題がない。

次に束縛条件を満たしているかどうかを考えよう。すでに述べたように，再帰標示されている補文の主語が降格して前置詞"par"によって標示され，かつ再帰代名詞クリティックが主文の動詞に接語化している場合には，補文に対する束縛条件の適用がキャンセルされ，主文の述語に適用される。この構造を示すと，次のようになる。

(67) [Marie_i se_i fait coiffer t_i par la coiffeuse]

束縛条件 A によって，主文の述語内の他の項が再帰代名詞クリティックと同一指標を持つことが要求される。実際，複合動詞の主語が再帰代名詞クリティックと同一指標を持っているので，束縛条件も満たされていることになる。このことから，(29a)の文は再帰代名詞クリティックの二つの認可条件を満たし，文法的となる。

では，補文の主語が与格や対格で生起する例はなぜ非文となるのであろうか。

(29) b. *Marie_i se_i fait   coiffer   à la   coiffeuse.
         SE   makes cut hair to the barber
     c. *Marie_i se_i fait   coiffer   la   coiffeuse.
         SE   makes cut hair the barber

まず，被使役者名詞句が対格で標示されている(29c)は，すでに述べたように格照合が適切に行われないために非文となる。これに対して，被使役者名詞句が与格で標示されている(29b)は格照合という点では問題がないはずである。したがって，問題となるのは束縛条件 A となる。この文が(29a)と決定的に異なるのは，補文の主語が降格していないという点である。被使役者名詞句が与格で標示されている場合，この要素は構造的に主語としてのステイタスを持つことになる。したがって，束縛条件が適用される統語的述語が主文と補文となる。構造を示すと，次のようになる。

(68) [Marie_i se_i fait [coiffer t_i à la coiffeuse]]

ここで問題となるのは，補文の統語的述語である。補文の動詞が θ 役割を与える目的語が再帰代名詞クリティックであるため，補文の述語が再帰標示される。また，主文の動詞が再帰代名詞クリティックを格照合するため，再

帰代名詞クリティックが主文の動詞の項となり，主文の述語も再帰標示されることになる。したがって，両方の述語に束縛条件Aが課されることになる。主文の述語に関しては(29a)と全く同じなので，束縛条件は満たされる。しかし，補文の述語には，再帰代名詞クリティックと同一指標をもつ項が存在しないので，束縛条件は満たされない。したがって，(29b)は非文となるのである[23]。

このように，主文の主語が先行詞である場合に文法的となるのは，再帰代名詞クリティックが主文の動詞に接語化しており，かつ補文の主語が降格しているものであるが，再帰代名詞クリティックが補文に接語化している例は，補文の主語の降格いかんに関わらずすべて非文である。

(29) d. *Marie$_i$ fait se$_i$ coiffer la coiffeuse.
　　　　makes SE cut hair the barber
　　e. *Marie$_i$ fait se$_i$ coiffer à la coiffeuse.
　　　　makes SE cut hair to the barber
　　f. *Marie$_i$ fait se$_i$ coiffer par la coiffeuse.
　　　　makes SE cut hair by the barber

次に，なぜこれらの例はすべて非文となるかを考えてみよう。この中で，被使役者名詞句が与格もしくは前置詞によって標示されている(29e, f)の例は，すでに議論したように使役動詞の対格素性の照合が適切に行われないために非文となっている。これに対して，(29d)は，再帰代名詞クリティックの先行詞が補文の主語である文法的な(30a)と全く同じ語順である。(29d)と(30a)を比較されたい。

(30) a. Jean fait se$_i$ laver les enfants$_i$.
　　　　makes SE wash the children

つまり，(29d)が非文となっているのは再帰代名詞クリティックの解釈上の

問題であり，再帰代名詞クリティックや補文の主語の格照合によるものではないことがわかる。すなわち，解釈上の認可条件である束縛条件が満たされていないはずである。束縛条件が適用される統語的述語を示すと次のようになる。

(69) [Marie$_i$ fait [se$_i$ coiffer la coiffeuse]]

この文で束縛条件 A を満たさねばならない統語的述語は，動詞が再帰代名詞クリティックに θ 役割を与えていることから，再帰標示されている補文の述語である。このため，補文の述語内の他の項が再帰代名詞クリティックと同一指標を持たねばならない。しかし，実際には，もう一つの項である補文の主語は再帰代名詞クリティックと同一指標を持っておらず，束縛条件は満たされていない。したがって，予想通り，非文となるのである。

3.3.3. 間接目的語の再帰代名詞クリティック

次に，間接目的語として機能する再帰代名詞クリティックの分布に対する分析を進めていく。直接目的語の分析と同様，再帰代名詞クリティックの先行詞が補文の主語である場合と主文の主語である場合に分け，前者から分析を進めていくこととする。

3.3.3.1. 補文の主語を先行詞とする場合

間接目的語をとる動詞には，直接目的語をとらない 2 項動詞と，間接目的語と直接目的語を同時にとる 3 項動詞がある。間接目的語として機能する再帰代名詞クリティックはいずれの動詞の項にもなることができる。まず，2 項動詞の場合から考察する。

3.3.3.1.1. 2 項動詞の場合

被使役者名詞句を先行詞とする間接目的語の再帰代名詞クリティックが 2 項動詞の項として生起する場合，補文の動詞に接語化しなければならない。補文の主語は前置詞を伴わず，対格で標示される。

(33) a. Le sculpteur fera   se₁ ressembler toutes ses statues₁.
        the sculptor   will-make SE resemble   all   his statues

この文は，語順としては再帰代名詞クリティックが直接目的語として機能している(30a)と全く同じである。

(30) a. Jean fait   se₁ laver les enfants₁.
              makes SE wash the children

(33a)が(30a)と異なるのは，再帰代名詞クリティックと不定詞が対格素性ではなく与格素性を持っているという点である。したがって，再帰代名詞クリティックおよび補文の主語の素性照合のための移動の派生としては(30a)とまったく変わらないということになる。束縛条件Aに関しては，補文の述語のみが関与し，補文の外項である主語が再帰代名詞クリティックと同一指標を持っているため，条件が満たされる点でまったく同じである。

(70) [Le sculpteur fera [se₁ ressembler toutes ses statues₁]]

したがって，再帰代名詞クリティックの二つの認可条件が満たされ，文法的となる。
　補文の主語が対格ではなく，与格や前置詞で標示されている例が非文である理由も，再帰代名詞クリティックが直接目的語である場合と同じである。

(33) b. *Le sculpteur fera   se₁ ressembler à toutes ses statues₁.
         the sculptor   will-make SE resemble   to all   his statues
     c. *Le sculpteur fera   se₁ ressembler par toutes ses statues₁.
         the sculptor   will-make SE resemble   by all   his statues

(33b)においては被使役者名詞句が対格で生起しないと，使役動詞のもつ対

格素性を照合すべき要素が存在しないために非文となる。(33c)においては，再帰代名詞クリティックが不定詞と同一指標付けされた段階で自動詞となり，被使役者名詞句の前置詞への降格が不可能な動詞となるために非文となる。

以上が再帰代名詞クリティックが補文の動詞に接語化している例であるが，主文の動詞に接語化している例はすべて非文であった。

(33) d. *Le sculpteur se₁ fera   ressembler toutes ses statues₁.
        the sculptor SE will-make resemble   all   his statues
     e. *Le sculpteur se₁ fera   ressembler à   toutes ses statues₁.
        the sculptor SE will-make resemble   to all   his statues
     f. *Le sculpteur se₁ fera   ressembler par toutes ses statues₁.
        the sculptor SE will-make resemble   by all   his statues

これらの例はすべて，束縛条件Aの違反を引き起こす。以下に構造を示す。

(71) a. [Le sculpteur se₁ fera [ressembler toutes ses statues₁ t₁]]
     b. [Le sculpteur se₁ fera [ressembler à toutes ses statues₁ t₁]]
     c. [Le sculpteur se₁ fera ressembler par toutes ses statues₁ t₁]

被使役者名詞句が対格および与格で標示されている(71a, b)では，主文の使役動詞に接語化している再帰代名詞クリティックが主文の統語的述語に含まれるが，もう一つの主文の統語的項である主文の主語と同一指標を持っていない。したがって，束縛条件Aが満たされない。被使役者名詞句が前置詞によって標示されている(71b)では，再帰標示される主文の項で再帰代名詞クリティックと同一指標をもつ項が存在しないので，束縛条件Aの違反となり非文となるのである。

このように，間接目的語のみをとる2項動詞の場合，再帰代名詞クリティックの認可は直接目的語をとる2項動詞の場合と基本的に同じであることがわかる。

3.3.3.1.2. 3項動詞の場合

　補文の動詞が3項動詞で，かつ再帰代名詞クリティックの先行詞が補文の主語である場合には，補文の主語が前置詞"à"で標示される場合のみが文法的である。

(34) a. On fait se_i laver les mains à Pierre_i.
　　　　one makes SE wash the hands to

この文の構造を考える場合に必要となるのは，3項動詞を述語とする文の構造である。3項動詞文の構造についてはいくつかの先行研究があるが，いずれも VP 殻(VP-shell)構造を基本とするものである。動作主項が上位の vP 指定部に併合されるという点については特に異論がないと言える。問題となるのは，受益者項と対象項にそれぞれ対応する名詞句の位置付けである。Larson(1988)は，英語における3項動詞の構造を分析するにあたり，前置詞 "to" によって受益者項の名詞句が V の補部，対象項の名詞句が下位の VP 指定部に位置するという以下の構造を提案している。

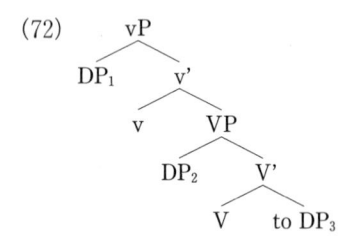

(72)
```
         vP
        /  \
      DP₁   v'
           /  \
          v    VP
              /  \
            DP₂   V'
                 /  \
                V   to DP₃
```

これに対して，Aoun and Li(1989)は前置詞 "to" によって受益者項の名詞句が対象項の名詞句よりも上位に位置する構造を仮定している。

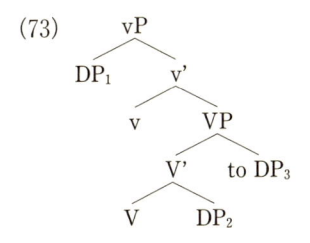

(73)
```
         vP
        /  \
      DP₁   v'
           /  \
          v    VP
              /  \
            V'   to DP₃
           /  \
          V   DP₂
```

　この構造が Larson の主張する構造よりも優れている点は，下位の空の動詞が意味的に"have"という動詞に対応すると考えることができることである．つまり，上位の動詞は，「メアリーが手紙を持つ」という下位の動詞句によって表される事象を生じさせるという意味になり，それぞれの動詞句が意味構造に対応する．したがって，Aoun and Li の構造の方が直観的に理解しやすい統語構造になる．また，本研究での使役構文の分析で，与格名詞句で標示される被使役者名詞句が，通常の名詞句と異なり v' の右側に併合されるという分析とも整合性が保たれる．3項動詞の場合は，与格で標示される受益者項が V' の右側に併合されるのである．

　以上の分析を前提として，(34a)の構造を以下に示す[24]．

(34) a. On fait   se_i laver les mains à Pierre_i.
     one makes SE   wash the hands to

(74)

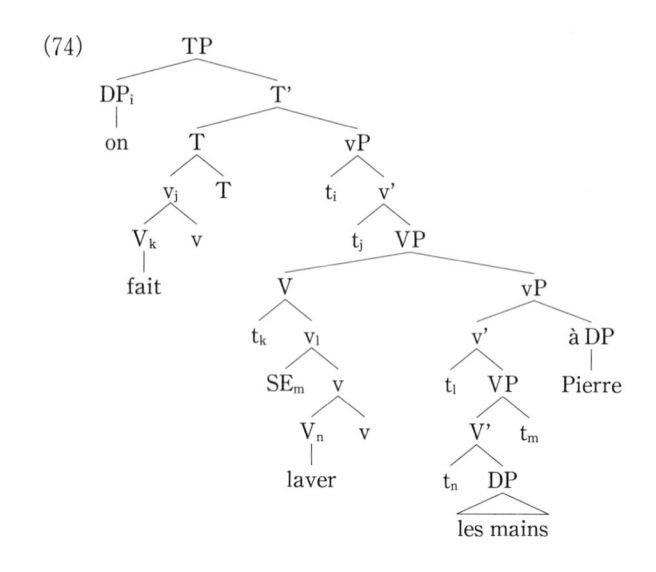

```
                TP
              /    \
           DPᵢ      T'
            |      /  \
           on    T     vP
                /\    /  \
              vⱼ  T  tᵢ   v'
             / \      \
            Vₖ  v      tⱼ  VP
            |            /   \
          fait          V     vP
                       / \   /  \
                      tₖ vₗ v'   à DP
                      /\   / \    |
                    SEₘ v tₗ  VP  Pierre
                    / \      /  \
                   Vₙ  v    V'   tₘ
                   |       /  \
                 laver    tₙ   DP
                              /\
                           les mains
```

　この構造において，それぞれの名詞句の格照合がどのようになされるかを確認する．主語名詞句が TP 指定部で主格の照合を受けるのは単文の場合と同じである．不定詞の対象項は複合動詞によって対格を照合される．受益者項は，不定詞に接語化する段階で動詞との同一指標付けにより格照合される．この場合には動詞 "laver" のもつ与格素性の照合である．被使役者名詞句は，使役動詞が本来持っている与格素性の照合を受ける．このことから，この文に生起するすべての名詞句の格照合が適切に行われ，問題のない派生となる．

　次に，再帰代名詞クリティックの認可条件である束縛条件について考えよう．(34a)の束縛条件 A に関わる統語的述語は次のようになる．

(75) [On fait [seᵢ laver les mains à Pierreᵢ]]

　この中で，再帰代名詞クリティックによって再帰標示されているのは，補文の述語である．補文の述語では，与格で標示されている主語が再帰代名詞クリティックと同一指標を持っており，束縛条件 A が満たされることになる．

この結果，(34a)は再帰代名詞クリティックの二つの認可条件を満たし，文法的となるのである。

では，(34a)と全く同じ語順と解釈をもち，補文の主語の標示のみ異なる次の文が非文となるのはなぜであろうか。

(34) b. *On fait se_i laver les mains Pierre_i.
one makes SE wash the hands

(34b)は，補文の主語が対格で標示されており主語として機能するので，束縛条件Aに関しては(34a)と同様に問題がないはずである。したがって，非文法性を引き起こしているのは名詞句の格照合である。この文では，対格素性の照合を必要とする要素が二つ存在する。被使役者名詞句と不定詞の目的語である。使役動詞が不定詞と複合動詞を形成する場合，不定詞の対格素性は使役動詞に吸収されてしまうので，複合動詞が照合できる対格素性は一つだけになる。このため，対格で標示されている名詞句のいずれか一方の格照合が適切に行われずに非文となる。

次に，被使役者名詞句が前置詞"par"によって標示されている例を考える。

(34) c. *On fait se_i laver les mains par Pierre_i.
one makes SE wash the hands by

(34c)では，被使役者名詞句が前置詞によって格照合を受けるので，不定詞の直接目的語の対格が複合動詞によって照合され，格照合に関しては問題がない。したがって，非文法性の原因は束縛条件ということになる。これは，2項動詞の場合にすでに分析した(33c)に類似した構造となる。

(33) c. *Le sculpteur fera se_i ressembler par toutes ses statues_i.
the sculptor will-make SE resemble by all his statues

すなわち，束縛条件が関与する統語的述語は主文だけである。

(76) [On a fait se_i laver les mains par Pierre_i]

(33c)の場合と同様，降格した前置詞句は項としては機能しない。主文の項である主語は再帰代名詞クリティックと同一指標をもっていないので，束縛条件が満たされないのである。
　次に，再帰代名詞クリティックが主文の動詞に接語化している例を検討しよう。これらはすべて非文であった。まず，補文の主語が対格で生起している例から見る。

(34) d. *On se_i fait   laver les mains Pierre_i.
　　　　 one SE makes wash the hands

この文では，不定詞の直接目的語の他に被使役者名詞句も対格で標示されている。すでに見たように複合動詞が対格素性を照合できる名詞句は一つに限られるので，いずれかの名詞句の照合が適切に行われないために非文となる。
　次に，被使役者名詞句が与格で標示される文では，対格で標示される名詞句が不定詞の直接目的語だけとなる。これに対応するのが(34e)である。

(34) e. *On se_i fait   laver les mains à Pierre_i.
　　　　 one SE makes wash the hands to

この文の構造を(77)に示す。この構造では，被使役者名詞句が与格で標示されているが，使役動詞に接語化している間接目的語の再帰代名詞クリティックも与格で標示されているはずである。ここで問題となるのは，使役動詞構文において二つの名詞句が与格によって標示されることが可能なのかという問題である。実際にこのような二重の与格標示が可能であるということを示す事実がある。(78)である。

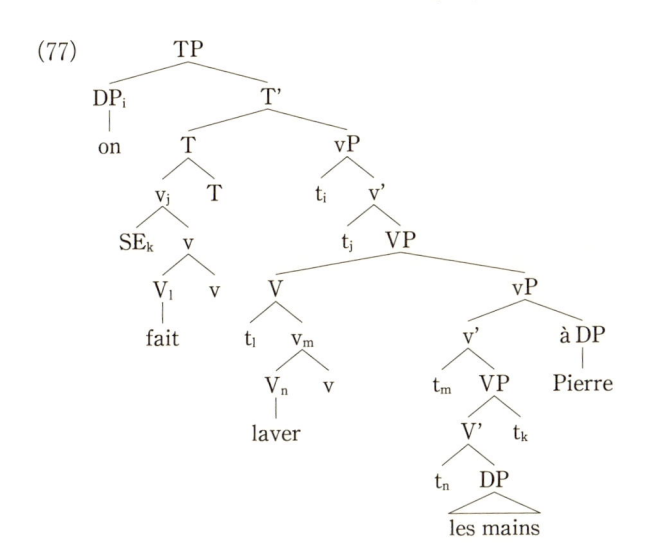

(77)
```
              TP
         ／      ＼
       DPᵢ       T'
        │      ／  ＼
        on    T     vP
            ／ ＼  ／ ＼
           vⱼ  T tᵢ   v'
          ／ ＼      ／ ＼
         SEₖ  v    tⱼ   VP
         ／＼       ／ ＼
        Vₗ  v     V    vP
        │        ／＼  ／ ＼
       fait    tₗ  vₘ v'   à DP
              ／＼  ／＼   │
             Vₙ v tₘ VP  Pierre
             │     ／ ＼
           laver  V'   tₖ
                ／＼
               tₙ  DP
                   │
                les mains
```

(78) Paul lui fera porter ces livres à sa femme.
　　　to-him will-make take these books to his wife
　　ポールは彼をして自分の妻にそれらの本を持って行かせるだろう。

この文では，与格形代名詞クリティックの被使役者名詞句が使役動詞に接語化しており，不定詞の間接目的語も与格で標示されている。このことから，(34e)においても名詞句の格照合は問題ないはずである。では，束縛条件Aについて見てみよう。以下に構造を示す。

(79) [On seᵢ fait [laver les mains tᵢ à Pierreᵢ]]

この構造では，再帰標示される統語的述語は主文と補文となる。補文では再帰代名詞クリティックの痕跡と別の項が同一指標を持っているので問題ないが，主文では再帰代名詞クリティックと同一指標を持つ項が存在しない。このため，(34e)は束縛条件Aの違反を引き起こし，非文となると説明される。
　では，被使役者名詞句が前置詞"par"によって標示される場合はどうで

あろうか。これに対応するのが(34f)の文である。

(34) f. *On se₁ fait laver les mains par Pierre₁.
one SE makes wash the hands by

この文では，間接目的語の再帰代名詞クリティックが与格で，不定詞の直接目的語が対格で標示されている。それぞれの格照合は問題なく行われるので，非文法性の原因は束縛条件となる。これは，すでに分析した(33f)と同じ状況である。

(33) f. *Le sculpteur se₁ fera ressembler par toutes ses statues₁.
the sculptor SE will-make resemble by all his statues

(33f)と同様，(34f)においても，束縛条件が関与する統語的述語は主文のみである。

(80) [On se₁ fait laver les mains par Pierre₁]

主文の述語は再帰代名詞クリティックによって再帰標示される。しかし，主文の述語の他の項で再帰代名詞クリティックと同一指標を持っている項は存在しない。したがって束縛条件の違反となり，(34f)も非文となるのである。

3.3.3.2. 主文の主語を先行詞とする場合

次に，間接目的語としての再帰代名詞クリティックの先行詞が，主文の主語として解釈される場合を検討する。3.3.3.1と同様に，2項動詞と3項動詞に分けて分析を進めていく。

3.3.3.2.1. 2項動詞の場合

補文の動詞が2項動詞の場合，補文の主語の降格が許される動詞のみ文法的となる。主語が降格するので，被使役者名詞句は前置詞"par"によって標示される。再帰代名詞クリティックは使役動詞に接語化しなければならな

い。

(31) a. Jean$_i$ se$_i$ fera   téléphoner par son amie.
         SE will-make telephone   by   his girl friend

まずこの文の派生を考えてみよう。この文の派生は，以下に示される。

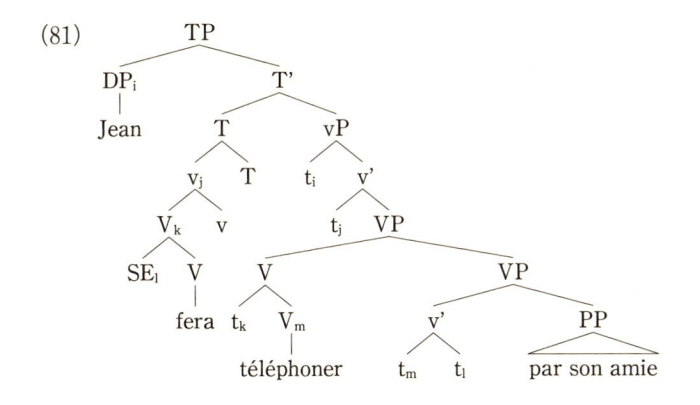

(81)
```
              TP
          ┌───┴───┐
         DP$_i$    T'
          │    ┌───┴───┐
         Jean  T       vP
              ┌┴┐    ┌──┴──┐
             v$_j$ T  t$_i$   v'
            ┌┴┐       ┌───┴───┐
           V$_k$ v    t$_j$     VP
          ┌─┴─┐         ┌──────┴──────┐
         SE$_l$ V        V             VP
              │       ┌──┴──┐      ┌───┴───┐
             fera   t$_k$ V$_m$     v'      PP
                        │      ┌───┴──┐
                    téléphoner t$_m$ t$_l$  par son amie
```

間接目的語の与格は，複合動詞の与格素性と照合される。これは，対格素性と同様に与格素性も不定詞から使役動詞に吸収されるためである。ここで問題となるのは，直接目的語をとらない動詞であるにも関わらず補文の主語の降格によって前置詞"par"によって動作主項が標示されている点である。これは，間接目的語が非再帰形クリティックの場合にも同様である。

(82) Paul lui   fera   écrire par Marie.
        to-him will-make write by
     ポールはマリに彼宛に手紙を書かせるだろう。

これは，動詞が直接目的語をとらないにも関わらず，動作主の受益者項に対する他動性が高いために例外的に許されるためであると考えられる。動作主

項の降格が可能であるならば，名詞句の格照合は問題なく行われるため，この文の派生は文法的となる。

次に，束縛条件を見てみよう。この場合，直接目的語の例ですでに分析した(29a)と全く同じ状況となる。

(29) a. Marie$_i$ se$_i$ fait   coiffer   par la coiffeuse.
        SE makes cut hair by   the barber

従って，(31a)において束縛条件Aが関与する統語的述語は主文のみとなる。これを図示すると以下のようになる。

(83) [Jean$_i$ se$_i$ fera téléphoner par son amie]

主文の述語が再帰代名詞クリティックによって再帰標示されている。したがって，主文の述語に束縛条件Aが課されるが，主文の外項である主語が再帰代名詞クリティックと同一指標をもっている。したがって，束縛条件も満たされており，(31a)は文法的となる。

これに対して，補文の主語が降格していない例は，次に示されるように非文であった。

(31) b. *Jean$_i$ se$_i$ fera   téléphoner son amie.
          SE will-make telephone   his girl friend
     c. *Jean$_i$ se$_i$ fera   téléphoner à son amie.
          SE will-make telephone   to his girl friend

この文は，すでに分析した(33d, e)と語順が全く同じである。

(33) d. *Le sculpteur se$_i$ fera   ressembler toutes ses statues$_i$.
         the sculptor SE will-make resemble   all   his statues

e. *Le sculpteur se_i fera   ressembler à toutes ses statues_i.
     the sculptor   SE will-make resemble   to all   his statues

したがって，派生もこれらの文と全く同じものとなり，(31b, c)は，束縛条件により排除される。構造は以下に示される。

(84) a. [Jean se_i fera [téléphoner t_i son amie_i]]
     b. [Jean se_i fera [téléphoner t_i à son amie_i]]

再帰標示される統語的述語は主文と補文となるが，再帰代名詞クリティックと同一指標を持つ項が主文に存在しない。このため，束縛条件Aの違反を引き起こし，非文となると説明される[25]。

　次に，補文の主語に接語化した例を見る。この場合，補文の主語の標示に関係なくすべて非文であった。

(31) d. *Jean_i fera   se_i téléphoner son amie.
                will-make SE telephone   his girl friend
     e. *Jean_i fera   se_i téléphoner à son amie.
                will-make SE telephone to his girl friend
     f. *Jean_i fera   se_i téléphoner par son amie.
                will-make SE telephone by his girl friend

被使役者名詞句が与格および前置詞"par"で標示されている(31e, f)は，すでに議論した再帰代名詞クリティックが補文の主語を先行詞とする場合と同じ理由で説明される。

(33) b. *Le sculpteur fera   se_i ressembler à toutes ses statues_i.
         the sculptor will-make SE resemble   to all   his statues

    c. *Le sculpteur fera se_i ressembler par toutes ses statues_i.
       the sculptor will-make SE resemble by all his statues

(33b)と同様(31e)においては被使役者名詞句が対格で生起しないと，使役動詞のもつ対格素性を照合すべき要素が存在しないために非文となる。また，(33c)と同様(31f)においては，再帰代名詞クリティックが不定詞と同一指標付けされた段階で自動詞となり，被使役者名詞句の前置詞句への降格が不可能な動詞となるために非文となる。これは，再帰代名詞クリティックが直接目的語である場合と同様である。

(29) f. *Marie_i fait se_i coiffer par la coiffeuse.
        makes SE cut hair by the barber

一方，(31d)のように被使役者名詞句が対格で標示される場合には，名詞句の格照合は問題なく行われる。したがって，問題となるのは束縛条件Aである。(31d)の文の，関与する統語的述語は次の通りである。

(85) [Jean_i fera [se_i téléphoner son amie]]

この文で，再帰代名詞クリティックに再帰標示されているのは補文の述語である。したがって，補文の述語に束縛条件Aが課されるが，補文の述語の他の項で再帰代名詞クリティックと同一指標をもつ項は存在しない。したがって，束縛条件を満たさず，(31d)は非文となるのである。

3.3.3.2.2. 3項動詞の場合

最後に，補文の動詞が3項動詞である文の分析に入る。3項動詞で，間接目的語クリティックの先行詞が主文の主語である場合には，次のように補文の主語は降格し，前置詞"par"で標示される。

(32) a. Marie_i se_i fera   envoyer une invitation par Jean.
        SE will-make send   an invitation by

まずこの文の派生を考えてみよう。この文の派生は，3.3.3.1で分析した(34f)と全く同じとなる。

(34) f. *On se_i fait   laver les mains par Pierre_i.
        one SE makes wash the hands by

(34f)の分析ですでに述べた通り，この文において，主文の動詞句で格照合を受けねばならないのは再帰代名詞クリティックと補文の直接目的語である。それぞれの名詞句の格照合は適切に行われるために，問題のない派生となる。したがって，非文の原因となるのは束縛条件である。束縛条件Aについても関与する統語的述語は(34f)と同じである。すなわち，主文のみである。以下に，(32a)の統語的述語を示す。

(86) [Marie_i se_i fera envoyer une invitation par Jean]

主文の述語は，再帰代名詞クリティックによって再帰標示されているので，束縛条件Aが課される。主文の述語の外項である主語が再帰代名詞クリティックと同一指標をもっているので，この条件は満たされる。この結果，(32a)は二つの認可条件を満たし，文法的となるのである。

一方，補文の主語が降格していない例は非文であった。

(32) b. *Marie_i se_i fera   envoyer une invitation à Jean.
          SE will-make send   an invitation to
     c. *Marie_i se_i fera   envoyer une invitation Jean.
          SE will-make send   an invitation

これらの文は，すでに分析した(34d, e)とまったく同じ語順である。

(34) d. *On se_i fait laver les mains Pierre_i.
　　　　 one SE makes wash the hands
　　 e. *On se_i fait laver les mains à Pierre_i.
　　　　 one SE makes wash the hands to

したがって，これらの文と全く同じ派生となる。被使役者名詞句が対格で標示される(32c)では，対格で生起している名詞句が二つ存在している。複合動詞が照合できる対格素性は一つなので，名詞句の格照合が適格に行われず非文となる。被使役者名詞句が与格で標示されている(32b)では，複合動詞が与格素性を二つ照合することが可能なので，格照合では問題がない。束縛条件Aに目を向けると，構造は以下のように示される。

(87) [Marie_i se_i fera [envoyer une invitation t_i à Jean]]

この構造では，主文と補文の両方が再帰標示される統語的述語になる。再帰代名詞クリティックが主文の主語と同一指標をもつ主文は束縛条件Aを満たす。これに対して，補文においては再帰代名詞の痕跡が同一指標をもつ項が存在しないので，束縛条件Aが満たされない。このために(32b)は非文となる。

　最後に，再帰代名詞クリティックが補文の動詞に接語化している例を見る。この場合，補文の主語の格標示に関わらず，いずれも非文である。

(32) d. *Marie_i fera s_i'envoyer une invitation Jean.
　　　　 will-make SE send an invitation
　　 e. *Marie_i fera s_i'envoyer une invitation à Jean.
　　　　 will-make SE send an invitation to

f. *Marie_i fera   s_i'envoyer une invitation par Jean.
   will-make SE send   an invitation by

これらの文の中で，名詞句の格照合という点で問題となるのは(32d)のみである。(32d)は，すでに分析した(34b)とまったく同じ語順である。

(34) b. *On fait   se_i laver les mains Pierre_i.
        one makes SE wash the hands

したがって，非文法性も同じように説明される。すなわち対格照合が問題となる。これに対して，(32e)は，すでに分析した文法的な(34a)と同じ語順である。

(34) a. On fait   se_i laver les mains à Pierre_i.
        one makes SE wash the hands to

したがって，格照合の点では問題がないはずである。また，(32f)は補文の主語が降格しているため，やはり格照合は適切に行われる。不定詞が他動詞として直接目的語名詞句を従えていることから，降格自体に問題はない。このことから，束縛条件が問題となると考えられる。束縛条件Aに関しても，(32e)は(34a)と，(32f)はすでに見た(34c)と同じ統語的述語をもつことになる。

(34) c. *On fait   se_i laver les mains par Pierre_i.
        one makes SE wash the hands by

(32e, f)の両文において，主文と補文のいずれもが関与する統語的述語となる。以下にその構造を示す。

(88) a. [Marie₁ fera [s₁'envoyer une invitation à Jean]]
　　 b. [Marie₁ fera [s₁'envoyer une invitation par Jean]]

これらの構造において，補文の述語は再帰代名詞クリティックにより再帰標示されている。しかし，補文の中で再帰代名詞クリティックと同一指標をもっている項は存在しない。したがって，束縛条件Aの違反となり，これらの文は非文となるのである。

3.3.4. まとめ

以上の分析では，フランス語における再帰用法の再帰代名詞クリティックに対し次の認可条件を提案した。

再帰用法の再帰代名詞クリティックは，
① 動詞と同一指標付けされ，その動詞によって格照合される。
② 束縛条件Aを満たす。

これに，動詞複合体への接語化というクリティック一般に課せられる条件を組み合わせることによって，直接目的語・間接目的語の再帰代名詞クリティックの使役構文における複雑な分布がすべて，理論における一般的な制約，すなわち格照合と束縛条件によって説明されることを示した。これにより，見た目の分布の複雑さはいくつかの統語的条件の制約によるものであり，再帰代名詞クリティックの認可条件自体はそれほど複雑なものではないことが明らかになり，再帰代名詞クリティックの統語的特性がより簡潔・明確な形で提示された。

3.4. スペイン語の使役構文における再帰代名詞クリティック

以下ではスペイン語の当該現象に関して留意すべき点について議論する。スペイン語の使役構文における再帰代名詞クリティックの分布は，基本的にフランス語のそれと変わらない。再帰代名詞クリティックの先行詞が補文の

主語である場合にはクリティックが不定詞に接語化する。

(89) El director hizo maquillarse₁ a la cantante₁.
the director made make up-SE to the singer
ディレクターは歌手に化粧をさせた。　　　　　　（Hernanz 1999）

ただし，フランス語と異なる点が二点ある。一つは補文の主語である被使役者名詞句が与格で標示される点，もう一つは再帰代名詞クリティックが不定詞の右側に接語化する点である。この二点はいずれもスペイン語の統語的特性に起因するものである。被使役者名詞句の与格標示は，有生の直接目的語が通常対格ではなく与格で標示されるというスペイン語の形態統語的特性によるものである[26]。

(90) a. Avisaron a los bomberos.
(they) notified to the firemen
それらの消防士に通報された。
b. Reclutaron a los soldados.
(they) recruited (to) the soldiers
それらの兵士達が徴集された。

同様のことは，使役構文においても成立する。

(91) a. El frío hacía temblar a Juan.
the cold made tremble (to)　　　寒さでホアンは震えていた。
b. Hicieron llorar a Juan.
(they) made cry (to)　　　彼らはホアンを泣かせた。

補文の動詞である不定詞が自動詞の場合，フランス語では被使役者名詞句が対格で標示されるが，スペイン語では一般に与格で標示される[27]。再帰代名

詞クリティックが不定詞に接語化する場合，フランス語の場合と同様に他動詞が自動詞のカテゴリーに変化する。これにより被使役者名詞句は複合動詞の直接目的語のステイタスを得ることになるが，上記のスペイン語の特性によって与格で標示されるのである。

次に，不定詞の右側への接語化の現象に触れておきたい。スペイン語では，不定詞に目的語クリティックが接語化する場合には，必ず右側に接語化する[28]。

(92) a. José quiere hacerlo.
    wants do-it   ホセはそうしたがっている。
 b. Puedo comprarlo.
  (I) can buy-it   私はそれが買える。

使役構文の場合にも同様の現象が観察され，不定詞の右側に接語化した文が文法的となる。

(93) a. Hizo construirla a Leonardo.
  (he) made construct-it to
  彼はレオナルドにそれを建てさせた。
 b. Hizo construirla por Leonardo.
  (he) made construct-it by

この点は，すでに観察したフランス語の場合と異なる。フランス語では，使役構文においてクリティックが不定詞に接語化するのは，非再帰形クリティックでは不可能である。

(28) c. *Jean a fait le manger à/par Pierre.
    made it eat to/by

両言語の違いを引き起こす要因についてはいくつかの可能性が考えられる。一つの可能性は，複合動詞における使役動詞と不定詞の統合度の違いであろう。フランス語においては使役動詞と不定詞が統語的に緊密に統合しているために，対格素性が不定詞から使役動詞に吸収されている。これに対してスペイン語の場合には，複合動詞を形成しつつも対格素性が不定詞にとどまることができるために，代名詞クリティックが不定詞に接語化することが可能となる。ただし，対格素性が使役動詞に吸収されることも可能である。クリティックが主文の動詞に接語化する場合がそれに対応する。

(94) a.　　La hizo　construir a Leonardo.
　　　　　　(he) it　made construct to
　　　　　　彼はレオナルドにそれを建てさせた。
　　b.　　La hizo　construir por Leonardo.
　　　　　　(he) it　made construct by

以上の事実から，可能性としては再帰代名詞クリティックも主文の動詞と不定詞の二つの動詞へ接語化できるということになる。この点に留意して，再帰代名詞クリティックの分布を見てみる。

　再帰代名詞クリティックも主文の動詞にクリティック化することは可能であるが，先行詞を補文の主語とすることはできない。

(95) *El　director se_i　hizo　maquillar a　la　cantante_i.
　　　the director SE made make up　to the singer　　　(Hernanz 1999)

この事実は，フランス語の場合とまったく同様に説明される。すなわち，束縛条件 A の違反となるのである。(89) と (95) の構造を以下に示す。

(96) a. [El director hizo [maquillarse_i a la cantante_i]]
　　b. [El director se_i hizo [maquillar t_i a la cantante_i]]

文法的な(96a)では補文のみが再帰標示される統語的述語となり，その中に再帰代名詞と同一指標を持つ項が存在するので束縛条件Aが満たされる。これに対して，非文となる(96b)では，主文と補文のいずれもが再帰標示される統語的述語となる。この中で，主文には再帰代名詞と同一指標をもつ項が存在せず，束縛条件Aが満たされないのである。

　一方，先行詞が主文の主語である場合にはクリティックが使役動詞に接語化する。補文の主語は前置詞"por"によって標示される。

(97) a. La cantante$_i$ se$_i$ hizo maquillar por la peluquera.
　　　　the singer　　SE made make up　by　the hairdresser
　　　　歌手は美容師に化粧をしてもらった。
　　b. Esta profesora$_i$ se$_i$ hace respetar por los alumnos.
　　　　this teacher　　SE makes respect　by the pupils
　　　　その教師は生徒に敬意を払われている。　　　　　　　(ibid.)

この場合，補文の主語が与格で標示されると非文となる。

(98) a. *La cantante$_i$ se$_i$ hizo maquillar a la peluquera.
　　　　the singer　　SE made make up　to the hairdresser
　　b. *Esta profesora$_i$ se$_i$ hace respetar a los alumnos.
　　　　this teacher　　SE makes respect　to the pupils　　(ibid.)

この事実は，フランス語と完全に平行的である。したがって，まったく同様に束縛条件Aによって説明される。(97a)と(98a)の構造を以下に示す。

(99) a. [La cantante$_i$ se$_i$ hizo maquillar t$_i$ por la peluquera]
　　b. [La cantante$_i$ se$_i$ hizo [maquillar t$_i$ a la peluquera]]

(99a)では，再帰標示される統語的述語が主文のみとなるので，束縛条件A

が満たされる。これに対して，(99b)では再帰標示される補文において再帰代名詞の痕跡と同一指標をもつ項が存在しないために束縛条件Aの違反となるのである。再帰代名詞クリティックが不定詞に接語化した場合に非文となるという事実もフランス語と同じである。

(100) *La cantante_i hizo maquillarse_i a la peluquera.
   the singer made make up-SE to the hairdresser (ibid.)

この例も，束縛条件によって説明される。

(101) [La cantante_i hizo [maquillarse_i a la peluquera]]

再帰標示される統語的述語である補文において，再帰代名詞と同一指標を持つ項が存在せず，束縛条件Aの違反となるのである。
 以上観察したように，表面上の相違点はあるものの，再帰代名詞クリティックの使役構文における分布に関してスペイン語とフランス語は本質的に同じ特徴を示すと言える。

3.5. イタリア語の使役構文における再帰代名詞クリティック

 イタリア語において再帰代名詞クリティックが使役構文に生起する場合，再帰代名詞クリティックが主文の主語を先行詞とする解釈ではフランス語の場合と同じ分布を示す。

(102) a. Maria_i si_i è fatta accusare da Giovanni.
    SE made accuse by
   マリアはジョバンニによって告発された。
  b. *Maria_i si_i è fatta accusare a Giovanni.
    SE made accuse to   (Burzio 1986)

これらの例はいずれもフランス語と同じように束縛条件Aによってその文法性が説明される。

　これに対して，再帰代名詞クリティックが補文の主語である被使役者名詞句を先行詞とする解釈ではフランス語と異なる分布を示す。このような文は非文となるのである。

(103) a. *Maria farà　　　accusarsi_i Giovanni_i.
　　　　　will-make accuse-SE
　　b. *Maria farà　　　accusarsi_i a Giovanni_i.
　　　　　will-make accuse-SE to
　　c. *Maria si_i farà　　accusare a Giovanni_i.
　　　　　SE will-make accuse　　to　　　　　　(ibid.)

このような解釈では，再帰代名詞クリティックの代わりに再帰の意味を表す要素である"se stesso"を用いれば文法的となる。

(104) Maria farà　　　accusare se stesso_i a Giovanni_i.
　　　　　will-make accuse　himself　to
　　マリアはジョバンニに自分自身を告発させるだろう。　　(ibid.)

(103b, c)が非文となるのはフランス語と同様であり，それぞれ複合動詞の対格素性照合と束縛条件Aによってその理由が説明される。問題は，対応するフランス語が文法的となる(103a)である。
　この問題を考察する上で，不定詞への接語化に関して興味深い事実がある。イタリア語では，スペイン語と同様に，代名詞クリティックが不定詞に接語化する場合，不定詞の右側に生起する。

(105) Maria vuole leggerlo.
　　　　　　wants read-it　　　　　マリアはそれを読みたがっている。

使役構文の場合には，スペイン語と異なり，主文の動詞に接語化される文のみが容認され，不定詞への接語化は容認度が低い。

(106) a.　Maria la fa　　riparare a Giovanni.
　　　　　 it makes repair　 to
　　　　　マリアはジョバンニにそれを修理させる。
　　　b. ??Maria fa　　ripararla a Giovanni.
　　　　　 makes repair-it　to　　　　　　　　　　　　　　　(ibid.)

この事実は，3.4 で議論した複合動詞における使役動詞と不定詞との統合度という観点からは，イタリア語はフランス語に近く，統合度が高いということを示していると言えよう。しかし，これだけでは(103a)の非文法性は説明できない。対応するフランス語の例が文法的だからである。本研究の分析では，再帰代名詞クリティックと不定詞の同一指標付けによりクリティックの格が適切に照合されるために文法的になると分析した。したがって，イタリア語ではこの同一指標付けの操作が不可能であり，再帰代名詞クリティックの格照合が適切になされないために(103a)が非文となると説明される。

では，イタリア語においてなぜ不定詞と再帰代名詞クリティックの同一指標付けが許されないのであろうか。この理由が使役動詞の特性にあることを示唆する現象がある。複合時制における過去分詞の一致現象である。フランス語とイタリア語に見られる共通の現象として，他動詞が複合時制で生起する場合に，直接目的語クリティックと過去分詞が性・数一致するというものがある。

(107) フランス語
　a. Je l'ai　　　 prise.
　　 I　it-f.sg. have taken-f.sg.　　　　私はそれを取った。

イタリア語
b. La ho presa.
 (I) it-f.sg. have taken-f.sg.   私はそれを取った。

この一致現象に関して，使役構文において両言語に興味深い相違点が観察される。イタリア語においては使役動詞の過去分詞が直接目的語クリティックと性・数一致するのに対して，フランス語では一致しないのである。

(108) イタリア語
a. La ho fatta riparare a Giovanni.
 (I) it-f.sg. have made-f.sg. repair to
 私はジョバンニにそれを修理させた。
 フランス語
b. Jean les a fait réciter à Pierre.
  them has made-m.sg. recite to
 ジャンはそれらをピエールに暗誦させた。

この事実は，少なくとも一致に関してはフランス語の使役動詞は通常の動詞としてのステイタスを持たないのに対し，イタリア語では通常の動詞として目的語クリティックと一致する資格を持つことを示している。このことから，イタリア語の使役動詞は複合動詞形成の際に動詞としての統語的性質を完全に不定詞から引き継いでおり，不定詞が単独で動詞として何らかの統語的操作に関与することが不可能となっていると考えることができる。このために，同一指標付けという統語的操作はもっぱら複合動詞の中心的要素である使役動詞とのみ許容されるために，(103a)が非文となると考えられる。一方，再帰代名詞クリティックが使役動詞に接語化した(103c)では，同一指標付けは問題なく行われる。しかし，主文の動詞に接語化した段階で，補文の主語を先行詞とする解釈が束縛条件Aの違反を引き起こしてしまう。このために，(103c)も非文となる。

これに対して，"se stesso" が用いられる場合には，この要素が通常の名詞句と同じステイタスを持つことになる。このため，格照合に関しては問題が生じず，束縛条件 A を満たせばよいことになる。

(109) [Maria farà [accusare se stesso$_i$ a Giovanni$_i$]]

この構造において，再帰標示される統語的述語は補文である。補文内に再帰代名詞と同一指標をもつ項が存在するので束縛条件 A が満たされ，文法的となるのである。

以上の議論から，イタリア語に観察される特異性は，再帰代名詞クリティックの統語的特性によるものではなく，使役構文における使役動詞と不定詞の結び付きという統語的環境に起因すると言える。

4. 総　括

本章では，再帰用法として用いられる再帰代名詞クリティックの統語的特性について考察を進めてきた。具体的には，①接語化される動詞と同一指標付けされる，②接語化される動詞により格照合を受ける，③束縛条件 A を満たす，という三つの認可条件を設定することによってあらゆる現象が説明されることを議論した。フランス語・スペイン語・イタリア語に見られる表面的な相違点はすべて，再帰代名詞クリティックが生起する統語的環境に関する言語間の相違によって説明されるものであり，再帰代名詞クリティックそのものの統語的ステイタスは 3 言語においてまったく同一であることが示された。

認可条件の②は代名詞クリティック一般に設定できる条件であり，③はあらゆる言語の照応表現に共通の条件である。したがって①のみが再帰代名詞クリティック独自の認可条件ということになる。この条件の設定によって再帰代名詞クリティックが他の代名詞クリティックとは異なる分布を示すことが説明されたわけであるが，この条件は Reinhart and Siloni (2005) が捉えよ

うとしている再帰代名詞の特性を統語論に限定した形で提示したものであると言える。Reinhart and Siloni は項構造に影響を及ぼす操作が関与すると仮定しているが，本研究では項構造には言及せず，統語論において可能な範囲にとどめた認可条件として設定している点が異なっている。再帰用法の再帰代名詞クリティックについて必要最小限の特徴付けを行うことで，その複雑な分布を説明することが可能となるのである。

[第2章注]
1 人称代名詞クリティック一般に関する議論については，藤田(2004)を参照されたい。
2 この関連性については，次章で考察する。
3 補文の主語が与格で標示された(30b)については，話者によって若干容認度が上がる場合がある。このような話者は，不定詞が自動詞の場合に補文の主語の与格標示の容認度も上がる。
 ?? Le professeur a fait nager à ses élèves.
    the teacher   made swim to his pupils   教師は生徒を泳がせた。
このような話者の場合，後に述べる使役動詞のもつ対格素性照合の義務性が緩和されていると考えられる。
4 話者により，(31c)の容認度が上がる場合がある。この点に関しては注25で述べる。
5 この場合の再帰代名詞クリティックは再帰用法ではなく相互用法であるが，すでに述べたように再帰用法と統語的に同じステイタスを持つものと考えられる。
6 一般に被使役者名詞句が与格で標示された場合には，"par"で標示された場合よりも使役者が補文で表される事象をより直接的に引き起こすという意味が出る。
7 統率・束縛理論においては，動詞が名詞句に格を付与するという考え方をとっていたため，先行研究では格付与能力を吸収するという表現がなされていた。これを，最小主義理論で言い換えると，動詞句の格素性を吸収するということになる。
8 内在格とは，語彙的特性によって認可される格を指す。構造格が統語構造上の一定の位置，例えばTP指定部やVP指定部において認可されるのに対し，内在格は基底の位置で認可されると考えられる。例としては前置詞によって認可される格が挙げられる。本研究で述べているような，動詞が認可する内在格については，Belletti(1988)が議論している。Belletti は(46a)のような非人称構文の場合にのみ内在格を認めているが，現在の最小主義理論における格照合という観点から考えると，(46b)のような倒置構文一般について内在格を認めることも可能である。
9 非人称構文の場合には，構造格である主格は非人称代名詞"il"が担うと考えられる。では，文体的倒置構文の場合にはどの要素が主格を担うのであろうか。一つの可能性として，Noonan(1989)が主張しているように，文体的倒置構文の主語位置に pro を仮定するという考え方がある。具体的に(46b)の構造を示すと，次のようになる。
    Je me demande bien [quand pro$_i$ a crié Pierre$_i$]
一般に"pro"は，イタリア語やスペイン語など，主語代名詞の省略が可能で，倒置が比較的自由に許される言語に関して仮定されている空の代名詞である。その認可条件については様々な見方がある。その一つに，人称・数などの素性が形態的に具現化される

ような一致要素(I, AGR)と統語的に一致するという考え方がある。フランス語の場合には、一致要素がそれほど豊富であるとは言えないので、この条件がそのまま適用されるとは考えにくい。これに対してNoonanは、フランス語において倒置現象が動詞が接続法である節や疑問詞などに導かれる節に限られるという点から、これらの素性を含む要素による認可を提案している。この分析に関しては、さらに検討が必要であろう。
10 Rosen(1989)は、FAIREと補文の動詞の項構造が融合されると主張している。本研究では、この融合がVの素性の浸透によってなされると考える。この場合、中心となる主要要素(head)がどちらかということが問題となる。特に、意味的に複合動詞が形成される場合、どちらの動詞の項構造が優先的に保持されるかが重要となる。本研究で扱う使役動詞の場合には、意味的ではなく純粋に統語的な複合動詞となる。すなわち、もとの動詞の項構造など意味的な特性は、融合されてもすべて変化を受けずに保持されるということになる。素性の浸透もあくまで統語構造上の問題であり、意味的特性に何らかの変化を与えるものでは決してない。したがって、この場合の複合動詞では、意味的に主要要素となるのはどちらでもないということになる。
11 Pollock(1989)は、AGR素性の強弱という概念を導入して、英語とフランス語における副詞と動詞の語順の違いを説明している。現在の最小主義理論においては、AGRの機能はTが担うので、本研究ではAGRをTと読み替えて議論する。最小主義理論では、LF, PFにおいてそれぞれ不法な要素が存在し、それらがLF, PFにおいて消えずに残っていれば派生が破綻すると考える。すなわち、それぞれの不法な要素はその表示に入る前に、つまりSpell-Outされる前に照合によって消滅していなければならない。PFの場合、格や時制素性で強い(strong)ものは不法な要素である。フランス語ではT素性が強いので、顕在的統語構造において照合され消滅しなければならない。もし照合されずに残れば、PFにおいても強いT素性が存在することになり、不法な要素となってしまうからである。T素性が照合されるためには、定動詞がTに主要部移動しなければならない。したがって、フランス語においては顕在的統語構造における定動詞の主要部移動が義務的になるのである。これに対し、英語ではT素性が弱いため、照合されずにPFにおいて残っていても不法な要素とはならない。したがって、定動詞が顕在的統語構造において主要部移動する必要はないのである。ここから、以下に示されるような現象が説明される。
    a. Jean embrasse souvent Marie.
        kisses   *often*   ジャンはよくマリにキスする。
    b. *Jean souvent embrasse Marie.
        often   *kisses*
    c. *John kisses often Mary.
    d. John often kisses Mary.
副詞はVPの付加位置に生成されると仮定する。フランス語では定動詞が顕在的統語構造で移動するので定動詞がVPの外に出る。したがって定動詞が副詞に先行する。これに対し、英語では移動しないので、定動詞が副詞に後続するのである。
12 excorporateとは、ある主要部要素Xが別の主要部Yに移動した後、Xのみが別の主要部に移動することを指す。具体的には、次の図に示される移動である。
    $[_{XP} X^0 + Z^0_i [_{YP} Y^0 + t_i [_{ZP} t_i]]]$
この構造では、Z^0がY^0に付加しY^0+Z^0を形成し、その後Z^0のみがY^0+Z^0から抜け出し、X^0に移動している。このY^0+Z^0からX^0へのZ^0の移動がexcorporationである。Roberts(1991)は、具体例として次の例を挙げている。

        a. La₁ volevo t₁ chiamare t₁ ieri.
            (I) her wanted   call   yesterday　私は昨日彼女に電話したかった。
        b. Gisteren heb₁ ik mijn vriendin   op t_j [t₁ willen bellen_j].
            yesterday had I my girl friend up   want call
            私は昨日ガールフレンドに電話したかった。
aのイタリア語の例では，クリティック"la"が補文の動詞に付加した後，主文の動詞にexcorporateしている。bのオランダ語の例では，補文の動詞"bellen"が主文の動詞"willen"に付加し，さらに"willen-bellen"全体が"heb"に付加する。その後，複合動詞から"heb"のみがexcorporateしている。なお，Guasti(1997)も，イタリア語の使役構文に関して，使役動詞がexcorporateすると仮定している。

13　一致操作については，Chomsky(2000)，Radford(2004)などを参照されたい。
14　Greedとは，何らかの操作を行うには，その操作を行わなければ非文となってしまうような，形態的な特性を満たすという動機付けが存在しなければならないという原理である。
15　後に議論するように，与格で標示される被使役者名詞句はv'の右側に併合されると本研究では仮定する。これは，フランス語では与格名詞句が前置詞によって標示されるという有標性に起因すると考えられる。
16　項降格とは，ある要素，例えば動詞によってθ役割を与えられる項を，付加詞として生起するよう降格する操作を言う。本文で述べたように，受動文において生起する，前置詞"by"によって標示される動作主が典型的な例である。Larsonは受動文の他に，2重目的語をとる3項動詞についても項降格が行われると分析している。3項動詞については，3.3.3.1.2で詳しく見る。なお，Li(1990)は，補文の動詞が他動詞である使役構文について本研究と同様の分析をしている。
17　受動文において前置詞"de"が用いられる動詞は，状態を表す動詞に限られる。したがって，動作を表す動詞の受動文とともに前置詞"de"が用いられることはない。
　　　*Jean sera   tué   de ce garçon.
        will-be killed of this boy
もちろんこの場合，使役構文においても前置詞"de"は用いられない。
　　　*Il fera   tuer Jean de ce garçon.
        he will-make kill   of this boy　　　　　　　　　(Kayne 1977)
18　指定主語条件とは，痕跡や照応表現などの要素が，その主語によって構成素統御される領域(節など)の外に先行詞をもつことを禁じる条件である。
19　2.2.3で議論したように，再帰代名詞クリティックは厳密には下位の動詞Vを経由して上位の軽動詞vに移動するが，議論の簡略化のために(61)ではその移動を省略して表している。
20　厳密には再帰代名詞クリティックは局所的な移動として不定詞のVおよびvを経由して使役動詞に接語化するが，議論の簡略化のために(64)では省略している。この構造では，再帰代名詞クリティックは不定詞と同一指標付けされずに，使役動詞に主要部移動して同一指標付けされることになる。
21　最小主義理論では，移動によって生じる痕跡はコピーであると捉えている。つまり，移動先の先行詞と同じ素性を担っているということである。したがって，痕跡も再帰標示するという考え方は，最小主義理論の枠組みではまったく自然なものである。
22　もし，ここで主文の主語と再帰代名詞クリティックが同一指標を持っている場合は，束縛条件Aが満たされることになる。この例は，再帰代名詞クリティックの先行詞が

主文の主語である場合に対応する。
23　格照合の点で非文となる(29c)は，束縛条件Aに関しては被使役者名詞句が与格で標示される場合と全く同じように分析される。
24　3章で与格を照合する軽動詞としてv_Dを設定することになるが，ここでは議論の簡略化のために対格を照合するvと区別しないこととする。
25　(31c)の容認度が若干上がる話者の場合，周辺的ではあるが以下の再構造化が適用されると考えられ得る。
　　[Jean se$_i$ fera téléphoner t$_i$ à son amie$_i$]
すなわち，補文の主語が主文の要素として構造的に再解釈されるために，補文が統語的述語としてのステイタスを失うのである。一部の話者において，周辺的ではあれこのような操作が認められる理由が何かという問題は，さらに検討を要する課題である。
26　例文の注において，"(to)"と示されているものは直接目的語に対応する与格で，"to"と示されているものは間接目的語に対応する与格である。
27　被使役者名詞句が事物である場合には，スペイン語においても対格で標示される。
　　a. Juan hizo funcionar la radio.
　　　　made work   the radio　　　　ホアンはラジオを聞けるようにした。
　　b. La guerra hizo subir los precios.
　　　the war   made rise the prices　　戦争が物価を上昇させた。
　　　　　　　　　　　　　　　　　　　　　　　　(Torrego 1998)
28　クリティックと接語化する動詞との語順に関してはいくつかの分析が提案されているが，クリティック一般に関わる問題なのでここでは議論を行わないこととする。詳しくは，Kayne(1991)，Rowlett(2007)などを参照されたい。

第 3 章　受動用法の再帰代名詞クリティック

　1章で簡単に触れたように，ロマンス諸語では，再帰代名詞が用いられる再帰動詞文の中で，伝統文法において受動用法と呼ばれている用法がある。本研究では，再帰動詞文が単一の統語構造を持っているのではなく，それぞれの機能に対応した複数の統語構造を有すると考える立場から，受動用法として用いられる再帰動詞文を再帰受動構文と呼び，その他の用法の再帰動詞文と区別することとする。

　再帰受動構文の統語的特性を明らかにする上で重要なのは，受動文と比較して考察することである[1]。受動文は，いわゆる受身を表現する典型的な構文として多くの言語に観察されるもので，生成文法においても多くの先行研究が存在し，理論的観点から様々な特性が明らかにされてきた。これに対して，再帰受動構文は特にイタリア語を中心として分析され，他の再帰動詞文と一括して再帰動詞構文という一つの構文の一部として扱われ，受動文と基本的に同じ特性を持つものと分析されてきた。

　しかし，以下で議論するように，再帰受動構文と受動文が同じ統語的特性を持つという見方が誤っていることを示す事実が複数観察される。従来の研究の中で，再帰受動構文を受動文との相違点に着目しながら体系的かつ明示的に分析し，両者の相違点と共通性を簡潔に説明し得た研究は存在しないと言える。本章は，この問題に解決を与えることを目的とする。

1. スペイン語の再帰受動構文

　本節では，ロマンス語の再帰受動構文の特徴を考察する上で貴重なデータを提供するスペイン語における当該構文の分析を提示する。当該構文の特性を明らかにする上で有益なのは，受動文との対比である。以下では，このような観点から，従来の伝統文法における説明の不充分な点も指摘しながら，議論を進める。

1.1. 再帰受動構文と受動文
1.1.1. 再帰受動構文
　スペイン語は他動詞文において他言語にはあまり観察されない統語的特徴を示す。名詞句が物である場合と人である場合で直接目的語の標示が異なるのである。この現象が，再帰受動構文において興味深い形で反映され，当該構文の特性を考察する上で極めて有益である。まず，直接目的語が物である場合と人である場合に分けて，再帰受動構文の分布を見ていくことにする。
1.1.1.1. 直接目的語が物の場合
　直接目的語が物の場合，多くの対格言語と同様に，目的語は前置詞を伴わない。スペイン語においては代名詞以外では形態格の標示がなされないので，表面的には主語と同じ形式となる。

(1) a. Los habitantes derribaron tres árboles.
　　　the inhabitants knocked down three trees
　　　住民は木を3本倒した。
　b. Los muchachos ignoran los motivos.
　　　the boys ignore the reasons
　　　少年達は理由を知らない。

このような文を再帰受動構文に変換すると，英語などに見られる受動文と同

じように，能動文の直接目的語すなわち対象の意味役割を担う名詞句が主語となる。この名詞句が統語的に主語としてのステイタスを持つことは，動詞がこの名詞句と人称に関して一致する形態統語的特徴によって示される。

(2) a. Tres árboles se derribaron.
　　　three trees　SE knocked down　　木が3本倒された。
　　b. Los motivos se ignoran.
　　　the reasons SE ignore　　　　　　理由は知られていない。

スペイン語においては，英語と異なり，統語的主語が動詞に後続する語順も広く容認されるが，このことは再帰受動構文にも成り立つ[2]。

(3) a. Se derribaron　tres árboles.
　　　SE knocked down three trees
　　b. Se ignoran los motivos.
　　　SE ignore　the reasons

一般に動作主を明示することはできないとされるが，実際には生起可能な場合がある。動作主が不定名詞句や総称的な定名詞句の場合である[3]。

(4) a. Los rumores sobre el　nuevo encarcelamiento se　divulgaron por
　　　the rumors on　the new　imprisonment　SE spread　by
　　　un periodista ajeno　　a TVE.
　　　a journalist unconnected to
　　　新たな投獄の噂がTVEと関係のない記者によって広められた。
　　b. Las nuevas movilizaciones anunciadas se temen por toda la
　　　the new　mobilizations　announced SE fear　by　all　the
　　　sociedad.
　　　society

通知された新たな動員は社会全体に恐れられている。

(Mendikoetxea 1999b)

  c. Esta obra se escribió por un autor totalmente desconocido.
   this work SE wrote by an author totally unknown
   この作品はまったく知られていない作者によって書かれた。
  d. Este cuadro se pintó por un experto retratista.
   this picture SE painted by an expert portrait painter
   この絵は肖像画の専門家によって描かれた。 (López 2002)

逆に，動作主が特定的な名詞句の場合には非文となる。

(5) a. *La decisión se tomó por el presidente.
   the decision SE took by the president
  b. *El terrorismo no debe atacarse aisladamente por las
   the terrorism not should attack-SE isolatedly by the
   naciones que lo padecen.
   nations that it suffer (Butt and Benjamin 2004)
  c. *Esta obra se escribió por Cervantes.
   this work SE wrote by
  d. *Este cuadro se pintó por Goya.
   this picture SE painted by (López 2002)

ここでこの対立の理由を考察してみたい。この対立には，動作主という意味役割が関与していると考えられる。この意味役割を担う上で，特定的な名詞句と，不定名詞句や総称的名詞句を比較すると，前者の方が後者よりも動作を表す動詞に対してより直接的な関係を持っていると言える。つまり，動作主という意味役割を担う上で特定的な定名詞句が最も典型的な要素であり，動作主名詞句のプロトタイプをなすと考えることができる。すると，プロトタイプをなす特定的な定名詞句が非文となるということは，再帰受動構文は

基本的には動作主の明示が不可能な構文であると特徴付けることができる。

では，(4)の例はなぜ容認可能なのであろうか。その答えは，再帰受動構文の機能と関連付けることによって得られる。そもそも再帰受動構文とは，動作主の主役性を減ずるための構文であると言える[4]。その意味では受動文と共通しているのだが，受動文の場合には動作主の性質に制限が課されないのに対して，再帰受動構文では動作主は不特定で予想可能な要素でなければならない(López 2002)。すなわち，主役性という観点からは明らかに低い要素のみが許容されると言える。この要素は，具体的には不定名詞句や総称的名詞句に対応するために，動作主としてのこれらの名詞句と再帰受動構文とが親和性をもっているのである。これに対して，特定的な定名詞句は不特定の存在ではありえないため，再帰受動構文の性質と合致せずに非文となると考えられる。

1.1.1.2. 目的語が人の場合

スペイン語には，目的語が前置詞"a"で標示される動詞がある。それは常に人間を目的語に取る動詞であり，目的語の定性に関わらず必ず前置詞"a"が必要となる。

(6) a.　　　Avisaron a los bomberos.
　　　　(they) notified to the firemen
　　　　それらの消防士に通報された。
　　b.　　　Avisaron a bomberos y guardas.
　　　　(they) notified to firemen and security guards
　　　　消防士と警備員に通報された。
　　c.　　　*Avisaron los bomberos.
　　　　(they) notified the firemen
　　d.　　　*Avisaron bomberos y guardas.
　　　　(they) notified firemen and security guards　(Mendikoetxea 1999b)

このような動詞は目的語として間接目的語をとる。それを示す事実として，

再帰受動構文は非文となる。

(7) a. *Se avisaron los bomberos.
    SE notified the firemen
  b. *Se avisaron bomberos y guardas.
    SE notified firemen and security guards (ibid.)

しかしこのような動詞で再帰動詞文が完全に排除されるわけではなく，次のように目的語名詞句を前置詞"a"で標示する再帰非人称構文は可能である[5]。

(8) a. Se avisó a los bomberos.
    SE notified-3sg. to the firemen
    それらの消防士に通報された。
  b. Se avisó a bomberos y guardas.
    SE notified-3sg. to firemen and security guards
    消防士と警備員に通報された。 (ibid.)

これに対し，直接目的語をとる他動詞では，人が目的語である場合の定名詞句が前置詞"a"によって義務的に標示されるのに対し，不定名詞句の場合には前置詞"a"による標示が随意的となる。

(9) a. Reclutaron a los soldados.
    (they) recruited (to) the soldiers
    それらの兵士達が徴集された。
  b. Reclutaron (a) soldados.
    (they) recruited (to) soldiers
    兵士達が徴集された。 (ibid.)

このような動詞の場合，目的語が人であっても不定名詞句であれば再帰受動

構文が可能となる[6]。

(10) a. *Se reclutaron los soldados.
     SE recruited   the soldiers
   b. Se reclutaron soldados.
     SE recruited   soldiers
     兵士達が徴集された。   (ibid.)

この事実は，再帰受動構文が目的語の格標示と密接な関係を持っていることを示している。

1.1.2. 受動文

スペイン語における受動文は基本的には英語などの他のヨーロッパ諸語と同じであり，再帰受動構文と同様，他動詞の能動文における直接目的語が主語となる。ただし，英語とは異なり，間接目的語が主語となっている受動文は非文となる。以下の(11a)は，能動文である(11b)の間接目的語を主語とする受動文である。

(11) a. *Ella fue enviada una carta.
     she was sent   a   letter
   b.   Le enviaron una carta.
     (they) to-her sent   a letter.
     彼女は手紙を送られた。   (Butt and Benjamin 2004)

英語と同様に，能動文において主語であった要素は前置詞"por"を主要部とする前置詞句として随意的に生起する。この点で，基本的に動作主が明示されない再帰受動構文とは性質が異なっている。以下の(12)は対応する能動文(13)の受動文である。

(12) a. El barco fue hundido por el capitán.
　　　 the ship　was sunk　　by　the captain
　　　 その船は船長によって沈められた。
　　b. La puerta es abierta por el portero todos los días a las 7 de
　　　 the gate　is opened by　the caretaker every day　　at the　of
　　　 la mañana.
　　　 the morning
　　　 門は毎日午前7時に門番によって開けられる。
(13) a. El capitán hundió el barco.
　　　 the captain sank　the ship　　船長はその船を沈めた。
　　b. El portero abre la puerta todos los días a las 7 de la
　　　 the caretaker opens the gate　every day　　at the　of the
　　　 mañana.
　　　 morning　　　　　　　　　門番は毎日午前7時に門を開ける。

　さらに、受動文には再帰受動構文とは異なる特徴がある。再帰受動構文では能動文において直接目的語が前置詞"a"によって標示される場合には、その要素を主語とする再帰受動構文が容認不可能であるのに対し、受動文の場合には"a"によって標示される直接目的語も主語となれるのである。

(14) a. El reo　fue defendido vigorosamente por su joven abogado.
　　　 the culprit was defended　vigorously　　by　his young lawyer
　　　 その被告人は若い弁護士によって精力的に弁護された。
　　b. Los misioneros han sido perseguidos cruelmente por las
　　　 the missionaries have been persecuted　cruelly　　by　the
　　　 guerrillas locales.
　　　 guerrillas local
　　　 その宣教師達は地域のゲリラによって激しく迫害された。

(15) a. Un joven abogado defendió vigorosamente al reo.
　　　a young lawyer defended vigorously (to)-the culprit
　　　若い弁護士はその被告人を精力的に弁護した。
　 b. Las guerrillas locales persiguieron cruelmente a los
　　　the guerrillas local persecuted cruelly (to) the
　　　misioneros.
　　　missionaries　　地域のゲリラはその宣教師達を激しく迫害した。

(Butt and Benjamin 2004)

この事実は，再帰受動構文と受動文は統語的に異なったプロセスが関与していることを示しており，両者を同一の性質をもつ構文として分析する後述の先行研究が受け入れられないことを意味する[7]。

1.2. 先行研究

以下では，再帰受動構文と受動文に分け，それぞれについて生成文法の枠組で分析された先行研究の分析を概観する。従来の研究では，再帰受動構文と受動文において同じプロセスが関与すると分析されている。受動文は英語など他言語においても広く観察される現象であるのに対して，再帰受動構文はロマンス諸語などに限られる現象であることから，先行研究は圧倒的に受動文に関するものが多い。そこで，まず受動文の先行研究を見た後に，再帰受動構文の先行研究へと移ることとする。

1.2.1. 受動文

受動文に関しては生成文法の枠組みにおいても数多くの分析が展開されており，生成文法の発展において極めて重要な役割を果たした現象であると言えよう。ここでは，再帰受動構文との関係を論ずる上で中心的な問題となるθ役割と抽象格の扱いに論点を絞って先行研究を概観したい。この観点からは，大きく二つの考え方が提示されてきたと言える。

一つはChomsky(1981)に代表される，次のような分析である。

(16) a. 受動形態素は外項の θ 役割を吸収する。
　　 b. 受動形態素は動詞が付与する目的格を吸収する。

これらのプロセスは語彙部門において行われるものなので，能動文に生起する動詞と受動文の動詞では統語的な性質が異なるということになる。例えば，スペイン語の動詞"abrir(開ける)"とその受動形(過去分詞形)"abierto"の項構造はそれぞれ次のようになる。

(17) a. abrir：[動作主　対象]
　　 b. abierto：[対象]

また，格付与に関しては，受動形動詞は目的格を付与することができず，自動詞と同様の扱いを受けることになる。
　このように分析すれば，動作主項の生起が随意的であるという事実と，生起する場合には前置詞"por"が必要であるという事実が以下のように説明される。項構造に含まれる意味役割に対応する項は生起が義務的である。もし生起しなければ θ 規準によって排除されるからである。動作主項が生起しなくても文法的なのは，受動形動詞の項構造に動作主が含まれないために θ 規準が関与しないためである。動作主項が生起する場合には，動作主の意味役割は受動形動詞ではなく前置詞"por"によって付与されることになる。格付与の観点から見ると，受動文においては対象項が主格を付与されるために，動作主項が名詞句の形で生起すると格が付与されず格フィルターによって排除されてしまう。前置詞"por"は θ 役割を付与するのと同時に，斜格も付与する。このため，この前置詞は動作主項に対する格付与という点においても不可欠な要素なのである。
　これに対立する代表的な分析として，Baker(1988)は以下のように主張する。

(18) 受動形態素は動詞によって外項の意味役割と目的格を付与される。

この分析では，語彙部門におけるプロセスが一切関与せず，能動文と受動文で生起する動詞の統語的性質が同一であるということになる。能動文において主語に付与される外項としての θ 役割は，統語部門において受動形態素に付与される。同様に，能動文において直接目的語に付与される目的格は統語部門において受動形態素に付与されるのである[8]。この分析の利点は，受動文において動作主が明示されない場合でもその存在が含意されるという事実を簡単に説明できることである。

(19) a. It was unanimously decided to leave.
　　 b. This song must not be sung drunk.

(19a)では不定詞の主語として生起する空の代名詞 PRO の統御子として，(19b)では二次述語の主語として，それぞれ動作主項の存在が含意される。Baker の分析では，受動形態素がその機能を果たすと説明されるのである。

　以上の二つの分析のいずれの妥当性が高いかは，経験的・理論的に検討を要するものである。本研究では，後に再帰受動構文との対比という観点からいずれの分析が妥当であるかを議論する。

1.2.2. 再帰受動構文

　再帰代名詞を用いる構文はロマンス諸語において一般的に観察されるものであり，その特徴が言語間で類似していることから，従来，再帰動詞構文として一括して分析されてきた。特に，生成文法の領域においてロマンス諸語の中で最も研究が進んでいると言えるイタリア語についての研究がその中心をなしてきた。スペイン語の再帰動詞文は，ロマンス諸語の中でもイタリア語のそれに極めて近い特徴を示していることから，イタリア語に関する分析のかなりの部分がスペイン語にも適用できると言える。このような視点から，再帰受動構文を含むスペイン語の再帰動詞文全体について分析を提示している研究として，Armstrong (1989)が挙げられる。Armstrong はスペイン語における代名詞クリティック全体を分析対象として，その統語的特性を明らか

にしようと試みている。したがって，再帰受動構文に関しても，再帰動詞文全体の中でどのように位置付けられるかという視点に立って分析が進められている。

　Armstrong は，イタリア語の再帰動詞文に関する Cinque(1988) の分析に従い，再帰受動構文は受動文と同じ統語的ステイタスを持っていると分析する。Cinque は，受動文に関して 1.2.1 で見た Chomsky(1981) の立場に従っている。Armstrong もこれに従い，スペイン語の再帰受動構文についても同じように分析されると主張する。具体的には，以下のように仮定されている。

(20) a. 再帰受動動詞は外項の θ 役割を吸収する。
　　 b. 再帰受動動詞は目的格を付与する能力を失う。

受動以外の機能をもつ再帰動詞文についても，外項の θ 役割の吸収や目的格付与能力の有無をはじめとするいくつかのパラメータを設定することによってその特徴付けを行っている。

　このような分析は，再帰受動構文が再帰動詞文全体の中でどのように位置付けられるかという理論的な関心が中心を占めており，再帰受動構文自体がどのような特異性を持っているのかという視点が完全に欠落していると言える。特に，1.1 で観察した再帰受動構文と受動文に見られる統語的性質の差についてはまったく考察がなされていない。その意味で，再帰受動構文の統語的特徴を明示した分析であるとは言い難い。再帰受動構文の特性を的確に捉えるには，受動文との共通性だけではなく相違点にも着目し，その相違点がどのような要因によって引き起こされるのかを理論的に説明する必要がある。以下では，このような観点から再帰受動構文に関する妥当な分析方法を探っていく。

1.3. 分　　析
1.3.1. スペイン語における目的格の照合

　再帰受動構文と受動文との統語的差異を説明するには，スペイン語において目的格がどのように照合されるかを明確にしなければならない。ここでは，当該現象を説明する上で有効な目的格照合のメカニズムを構築し，以降の議論における土台としたい。

　1.1においてすでに示したように，スペイン語では直接目的語が前置詞 "a" によって標示される場合がある。前置詞によって標示される直接目的語を再帰受動構文の主語にすることが不可能であるという事実は，前置詞によって標示される要素とされない要素とを統語的に区別する必要があるということを示唆している。本研究では，前置詞 "a" によって標示される直接目的語と標示されない直接目的語の格照合の対象は異なると考えたい。具体的には，前置詞を伴わない直接目的語の対格を照合する通常の軽動詞 v とは別に，前置詞 "a" によって標示される直接目的語の与格を照合する軽動詞 v_D を設定する[9]。この分析に従うと，同じ動詞でも直接目的語が前置詞で標示されるか否かによって，生起する軽動詞が異なるということになる。具体的には，(9)に対応する構造はそれぞれ(21)のように示される[10]。この構造における v_D は，間接目的語の与格を照合する要素と同一であると考える[11]。つまり，直接目的語と間接目的語という区別，より厳密には対象・受益者という θ 役割と対格・与格という抽象格がスペイン語では一致しないということになる。

　以上は名詞句とその格照合を行う動詞との関係についての仮説であるが，名詞句の有生性や定性によって格標示が変わるという事実も何らかの形で格照合体系の中に組み込まねばならない。本研究では，軽動詞が格素性のほかに，有生性および定性に関する素性を持つと仮定したい。具体的には，(22)のように設定する。

(9) a.　　　Reclutaron a　　los soldados.
　　　　(they) recruited　(to) the soldiers

b.　　　Reclutaron (a)　soldados.
　　　　(they) recruited　(to) soldiers

(21) a.

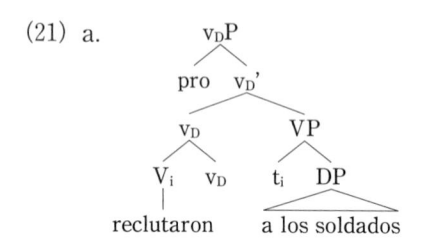

```
           vDP
          /   \
        pro   vD'
             /   \
            vD    VP
           / \   /  \
          Vi  vD ti  DP
          |          △
       reclutaron  a los soldados
```

b.

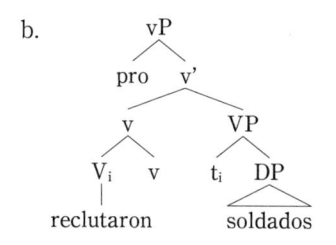

```
           vP
          /  \
        pro   v'
             /  \
            v    VP
           / \   /  \
          Vi  v ti   DP
          |         △
       reclutaron  soldados
```

(22) a. 軽動詞 v は〈[−有生]かつ[±定]〉もしくは〈[＋有生]かつ[−定]〉という素性をもつ。

b. 軽動詞 vD は〈[＋有生]かつ[±定]〉という素性をもつ。

c. 軽動詞のもつ有生性・定性に関する素性は解釈不能である。

[±定]という素性は，[＋定]もしくは[−定]のいずれにも対応する可変的な値であることを表す。これらの素性は解釈不能なものなので，vP もしくは vDP 内に併合する名詞句によって照合されねばならない。このように考えれば，(9a)における直接目的語の与格標示の義務性と(9b)における与格標示の随意性は以下のように説明される。(9a)においては V の補部に併合される要素は[＋有生]かつ[＋定]という素性をもっている。これらの素性に関して適切に照合される軽動詞は vD である。したがって，直接目的語が与格で標示される。これに対し，(9b)において V の補部に併合される要素は[＋有

生]かつ[－定]という素性をもっている。これらの素性に関しては，vとv$_D$のいずれの素性も適切に照合される。このため，直接目的語は与格でも対格でも文法的なのである。

　この分析では，同じ動詞であってもある場合にはvが生起し，別の場合にはv$_D$が生起するということになる。この軽動詞の選択に関しては，スペイン語においては他動詞がv, v$_D$いずれの軽動詞とも共起できるという特性を持っていると考える。その上で，文の構造を構築するための素材の集合であるnumerationにおいて適切な派生を可能にする軽動詞が選択されている場合に，文法的な構造が形成されると考えることができる。例えば，(9a)に対して{pro, recultaron, a, los, soldados, v}というnumerationを基にして構造が派生されれば，直接目的語"a los soldados"の与格の照合が適切に行われないために派生が破綻し，非文となるのである。

　これに対して，(6)に示されるように目的語が前置詞"a"によって義務的に標示される動詞では，v$_D$の生起が義務的となると考えられる。

(6) a.　　　Avisaron a los bomberos.
　　　　　(they) notified　to the firemen
　　b.　　　Avisaron a bomberos y　guardas.
　　　　　(they) notified　to firemen　and security guards
　　c.　　　*Avisaron los bomberos.
　　　　　(they) notified　the firemen
　　d.　　　*Avisaron bomberos y　guardas.
　　　　　(they) notified　firemen　and security guards

これは，英語などにおいて他動詞とvが義務的に共起するのと同じ関係である。(6c, d)が非文となるのは，v$_D$の生起が義務的であるにも関わらず，与格を表示する前置詞"a"が生起していないために格照合が適切に行われず，派生が破綻するためである。

　以上のように，スペイン語の直接目的語の抽象格として対格と与格を区別

し，両者の照合にそれぞれ対応する軽動詞を設定することによって，スペイン語の直接目的語の格標示を簡潔に説明できるメカニズムが構築される。

1.3.2. 再帰受動構文の統語構造

1.3.1での格照合システムを前提として，再帰受動構文の構造と格照合のメカニズムについて考察しよう。当該構文の構造を設定する上でまず考慮に入れねばならないのは，再帰代名詞クリティックの統語的ステイタスである。再帰代名詞の本来の性質は，以下の再帰用法・相互用法に典型的に示されるように，θ役割を担う項として生起するというものである。

(23) a. Ellas se cuidan bien.
　　　　they SE take care of well
　　　　彼女らは自分の健康に十分注意している。
　　b. Ellos se odian uno a otro.
　　　　they SE hate one another 　彼らは憎み合っている。

再帰受動構文の場合，対応する能動文との対応関係を考慮に入れれば，用いられる動詞の項構造は能動文の場合と同じであると考えるのが自然である。つまり，能動文の主語に対応するθ役割(多くの場合は動作主)と直接目的語に対応する対象の二つのθ役割が，動詞の項構造において指定されていると考えられる。この分析は，以下のように再帰受動構文が命令文としても用いられるという事実，および目的を表す不定詞節との共起が可能であるという事実によって支持される。

(24) a. Desarróllese en castellano el siguiente tema.
　　　　develop-SE in Castilian the following subject
　　　　次のテーマについてスペイン語で述べなさい。

(Butt and Benjamin 2004)

b. Se retrasó la reunión para esperar a los que
 SE postponed the meeting for wait (to) those who
 faltaban.
 were absent
 出席していない人を待つために会議は延期された。　　(López 2002)

　上記の例は，明示的に示されていない動作主が含意されていることを示している。(24)の文法性は，それぞれ動詞"desarrollar"と"retrasar"が動作主と対象という二つのθ役割を項構造に含んでいると考えることで説明される。対象のθ役割に対応するのは当然ながら，(24a)では"el siguiente tema(次のテーマ)"，(24b)では"la reunión(会議)"である。では，動作主のθ役割を項として担うのはどの要素であろうか。本研究では次のように仮定する。

(25) 再帰受動構文における再帰代名詞クリティックは項として動作主のθ役割を担う。

つまり，再帰代名詞が通常の名詞句と同様に項として併合されると考えるのである。
　このように仮定した上で次に問題となるのは，再帰代名詞クリティックが構造上どの位置に併合されるかという問題である。動作主というθ役割を担う項は，語彙部門において操作が加えられない限り外項として併合されるので，通常はvP指定部に生起することになる。しかし，再帰受動構文においては，再帰代名詞がvP指定部に併合されるとは考えにくいことを示唆する言語事実が存在する。それは，対象のθ役割を担う項が人称に関して動詞と形態的に一致するという事実である。英語などの他の印欧諸語と同様，スペイン語において動詞と人称一致する要素は，統語上のいわゆる主語としてのステイタスを持つ。これは理論的に言い換えると，TP指定部に移動して主格の照合を受ける要素であるということになる。すると，再帰受動構文

においては，VP の補部に併合される対象の θ 役割を持つ項が TP 指定部に移動しなければならない。ここで，もし再帰代名詞が vP 指定部に併合されるのであれば，この vP が Chomsky(2001)において提案されている Phase を構成することになる[12]。すると，VP 補部の位置から TP 指定部への対象項の移動が Phase 不可侵条件に違反してしまうため，容認されない派生となってしまう。

　そこで，本研究では以下のように提案する。

(26) 再帰受動構文における再帰代名詞クリティックは軽動詞の主要部に項として併合される。

再帰代名詞クリティックは通常の名詞句とは異なり，常に動詞に形態的に依存する性質をもつ要素である。クリティックは動詞に編入されると一般には分析されるので，再帰代名詞クリティックが v に直接併合されると考えても不自然ではない。このように考えると，vP 指定部を占める要素が存在しないために vP が Phase を構成しない。このため，対象項の名詞句が Phase 不可侵条件に違反することなく TP 指定部に移動することが可能となり，文法的な派生が成立する。この派生を図で示すと以下のようになる。

(2) a. Tres árboles se derribaron.
　　　 three trees　SE knocked down

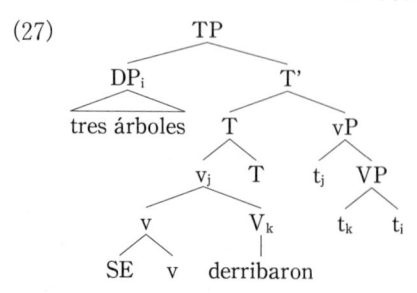

(27)
```
            TP
          /    \
       DPᵢ     T'
        |     /  \
   tres árboles T    vP
              / \   / \
            vⱼ  T  tⱼ  VP
           / \        / \
          v   Vₖ     tₖ  tᵢ
          |   |
          SE  v
              derribaron
```

次に(27)の構造において名詞句の格照合がどのようになされるかという問題を考える。主格についてはすでに述べたように，VP補部の位置に併合される対象項の名詞句がTP指定部で照合を受ける。問題となるのは，他動詞であるvの対格の照合である。(27)の構造において対格を担う要素として唯一可能なのは再帰代名詞クリティックである。したがって，再帰代名詞クリティックはv主要部に併合されると同時に対格の照合を受けるということになる。しかし，これだけでは再帰受動構文の統語的性質をすべて説明することはできない。すでに見たように，対応する能動文において直接目的語が与格で標示される場合には，再帰受動構文が不可能となる事実を説明しなければならない。

(10) a. *Se reclutaron los soldados.
    SE recruited the soldiers

この事実を説明する上で有益なのが，すでに議論したスペイン語における直接目的語の格標示としての対格と与格の区別と，軽動詞のもつ有生性・定性の素性である。直接目的語が対格で標示される場合には再帰受動構文が可能であるのに対して，与格で標示される場合には不可能となるのであるから，格照合に関して対格の素性が重要な役割を果たしていると言える。そこで，以下のように仮定したい。

(28) 再帰受動構文における再帰代名詞クリティックは対格素性を持つ。

さらに，1.3.1で仮定したように，スペイン語の軽動詞は格素性のみならず，有生性・定性に関する解釈不可能な素性をもつ。再帰受動構文における再帰代名詞クリティックに関して，これらの素性はどのように指定されると考えるべきであろうか。本研究では以下のように考えたい。

(29) 再帰受動構文における再帰代名詞クリティックは[+有生]で，定性に

関しては素性が指定されない。

つまり，定性に関しては決定できない要素であるということである。これは，再帰受動構文において再帰代名詞が対応する動作主項は，総称的な意味としての定でも不定でもあり得るという事実からも妥当な仮定である。以上を前提として，(10a)の派生を考えてみよう。

(10a)には二つの派生が可能である。一つは，軽動詞として対格を照合するvが併合される場合である。派生において関与する項はVの補部に併合される対象項の名詞句と再帰代名詞であるが，(10a)において前者は[＋有生]および[＋定]という素性をもち，後者は[＋有生]ではあるが定性に関する素性をもたない。このため，vのもつ〈[−有生]かつ[±定]〉もしくは〈[＋有生]かつ[−定]〉という素性がいずれの要素によっても照合されず，派生が破綻する。もう一つの可能性は，軽動詞として与格を照合するv_Dが併合される派生である。この場合，v_Dの持つ〈[＋有生]かつ[±定]〉という素性はVの補部に併合される名詞句によって照合されるが，再帰代名詞のもつ対格素性が照合されなくなり，やはり派生が破綻してしまう。このようにいずれの派生も適切な照合が行われず，適格な派生が存在しないために(10a)が非文となると説明される。

以上が再帰受動構文に対する分析だが，以下にこの分析により容易に説明される事実に触れておきたい。それは，再帰受動構文において法動詞が生起する例である。このような統語環境においては，再帰代名詞クリティックの生起する位置に二つの選択肢がある。一つは再帰代名詞クリティックを項として要求する不定詞に接語化する可能性で，もう一つは定動詞である法動詞に前接する可能性である[13]。

(30) a. Tienen que resolverse varios problemas.
      have   to   resolve-SE various problems
      様々な問題が解決されねばならない。

b. Deben limpiarse bien las verduras antes de cocerlas.
must clean-SE well the vegetables before of cook-them
料理する前に野菜をよく洗わねばならない。

(31) a. Se tienen que resolver varios problemas.
SE have to resolve various problems
b. Se deben limpiar bien las verduras antes de cocerlas.
SE must clean well the vegetables before of cook-them

(Butt and Benjamin 2004)

(30)の例は，本研究が仮定する基本構造にそのまま対応する文である。再帰代名詞クリティックがその項として選択されている動詞である不定詞の v 主要部に併合され，その上に法動詞が併合されるという構造である[14]。(32)に(30b)の構造を示す。

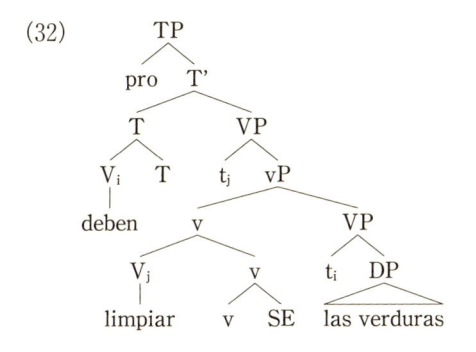

(32)
```
           TP
          /  \
        pro   T'
             /  \
            T    VP
           / \  / \
          Vᵢ  T tⱼ  vP
          |      /  \
        deben   v    VP
               / \  / \
             Vⱼ   v tᵢ  DP
             |             |
           limpiar  SE  las verduras
```

(31)の例については，法動詞が併合された後に，再帰代名詞クリティックが v から excorporate し法動詞の V 主要部に移動すると考えることができる。(33)に(31b)の構造を示す。

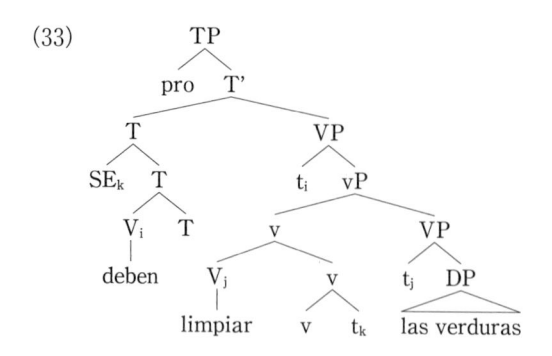

(33)
```
            TP
           /  \
         pro   T'
              /  \
             T    VP
            / \   / \
          SEₖ  T  tᵢ  vP
              / \    / \
             Vᵢ  T  v   VP
             |     / \  / \
           deben Vⱼ  v tⱼ  DP
                 |  / \    |
              limpiar v tₖ las verduras
```

再帰代名詞クリティックは主要部に併合される要素なので，主要部への移動が問題なく行われるのである[15]。

1.3.3. 受動文の特性

再帰受動構文においては再帰代名詞クリティックが動作主としての θ 役割と対格の素性をもっていると分析したが，統語的に異なったふるまいを示す受動文においては θ 役割と格素性はどのように考えるべきであろうか。ここでは，まず θ 役割について，次に格素性について考察を進めていく。

1.3.3.1. 外項の θ 役割

1.2.1で見たように，英語における受動文の動作主の θ 役割については，①受動形態素が動作主の θ 役割を担う，②語彙部門において動作主の θ 役割が吸収される，という二つの分析がなされてきた。スペイン語の受動文の形成方法は英語のそれとまったく同じであるので，スペイン語の受動文についても上記二つのいずれの分析も可能であると考えられる。①の分析においては受動形態素が再帰受動構文における再帰代名詞と同じ役割を果たすのに対し，②の分析では動作主項自体が統語構造において存在しないということになる。いずれの分析が妥当であるかを決定する上で考慮に入れねばならないのは，動作主項に関する受動文と再帰受動構文との違いである。すでに見たように，再帰受動構文においては基本的に動作主が明示できないのに対して，受動文においては動作主が前置詞句によって明示可能なのである。

(5) a. *La decisión se tomó por el presidente.
      the decision SE took by the president
   b. *El terrorismo no debe atacarse aisladamente por las
      the terrorism not should attack-SE isolatedly by the
      naciones que lo padecen.
      nations that it suffer
(12) a. El barco fue hundido por el capitán.
      the ship was sunk by the captain
   b. La puerta es abierta por el portero todos los días a las 7 de
      the gate is opened by the caretaker every day at the of
      la mañana.
      the morning

この事実は，再帰受動構文と受動文で動作主項の扱いを区別する必要があることを示している。ただし，このことがすぐに Chomsky (1981) の主張する語彙部門における外項の θ 役割に関する操作を仮定しなければならないことを意味するわけではない。Baker (1988) において主張されている，潜在的な動作主の存在という受動文の統語的特徴も考慮に入れねばならない。次の例に示されるように，スペイン語の受動文においても潜在的動作主が含意されているからである。

(34) La casa fue construida para complacer al vecindario.
    the house was constructed for please (to)-the neighborhood
    その家は近所の人達を喜ばせるために建てられた。　　(Demonte 1991)

この例では，動作主の意図としての目的を表す不定詞節が生起している。もし語彙部門において外項の θ 役割が受動形態素に吸収されているならば，項構造は非対格動詞のそれとまったく同じものとなり，動作主がまったく含意されなくなってしまうはずである。すると，(34) の文法性を統語的に説明

するには，動作主に関する何らかの特別な仮定が必要となり，理論的に簡潔な分析とは言えなくなるであろう。したがって，本研究では受動文においても能動文の場合と動詞の項構造は変わらず，受動形態素が外項の θ 役割を担うという Baker (1988) の仮定に従うこととする。つまり，θ 役割に関しては受動文は再帰受動構文とまったく同じであるということになる。すると，上で見た動作主項の生起に関する統語的な違いを別な観点から説明しなければならない。本研究では，この違いは再帰代名詞クリティックと受動形態素が持つ意味的特性の違いに起因すると考える。

再帰受動構文では基本的に動作主の明示が不可能であるが，すでに見たように動作主の特定性が低い場合には明示されることがある。

(4) a. Los rumores sobre el   nuevo encarcelamiento se   divulgaron por
    the rumors on   the new   imprisonment   SE spread   by
    un periodista ajeno   a TVE.
    a journalist unconnected to
  b. Las nuevas movilizaciones anunciadas se   temen por toda la
    the new   mobilizations announced SE fear   by   all the
    sociedad.
    society

1.1.1 では再帰受動構文の機能的特質という観点からこの事実を捉えたが，統語構造という観点からは再帰代名詞クリティックの特性にその原因が求められる。すなわち，再帰受動構文における再帰代名詞クリティックが[−特定性]という指定された素性を持っており，この素性と合致しない動作主項とは共起できないと考えられる。これに対して，受動形態素は特定性に関して値が指定されていない。このため，動作主項に対して特別な制約が課されないのである。

ここで，再帰代名詞クリティックや受動形態素に動作主としての θ 役割が付与されているのに，前置詞句によってさらに具体的に明示することが可

能なのはなぜかという疑問が生じる。この点については以下のように考えることができる。まず，前置詞句によって表現される動作主項のθ役割は，動詞ではなく前置詞 "por" によって付与されるものであり，厳密に言うと再帰代名詞クリティックや受動形態素が持つθ役割と理論的には異なるものである。したがって，θ規準の違反は引き起こさないと考えることができる。次に，二つの対象項の重複が可能な理由であるが，本研究ではこれも再帰代名詞クリティックと受動形態素のもつ語彙的特性に起因すると考えたい。両者は確かに動詞からθ役割を付与されるが，生起する位置はいずれも動詞の主要部であり，通常のA位置ではない。このことから，再帰代名詞クリティックと受動形態素は項としての機能を果たすことはできるが，完全な項としてのステイタスは持っていないということが言える。項として不完全であるがゆえに，動作主項としてさらに安定した機能を果たす必要がある場合には前置詞句を生起させることによってその目的が果たされると考えられる。

　以上の考察から，外項のθ役割の扱いに関しては再帰受動構文と受動文との間には違いがなく，両者の動作主項の生起に関する統語的相違は再帰代名詞クリティックと受動形態素の意味的特性に帰せられると結論付けられる。

1.3.3.2. 目的格素性

　1.1.2で見たように，格に関しては，再帰受動構文と受動文との間に重要な統語的相違点が存在する。それぞれの構文の主語，すなわち動詞と形態的に一致する要素として生起可能な要素は，受動文では他動詞の直接目的語一般であるのに対し，再帰受動構文では対応する能動文において前置詞で標示されない直接目的語に限られるというものであった。

(15) a. Un joven abogado defendió vigorosamente al reo.
　　　 a young lawyer defended vigorously (to)-the culprit
(14) a. El reo fue defendido vigorosamente por su joven abogado.
　　　 the culprit was defended vigorously by his young lawyer

(9) a.　　　Reclutaron a　　los soldados.
　　　　(they) recruited　　(to) the soldiers
(10) a. *Se　reclutaron los soldados.
　　　　SE recruited　　the soldiers

この事実は，Armstrong(1989)のように再帰受動構文と受動文において抽象格について同じように分析する方向性が誤っていることを明白に示している。この事実を説明する上で，本研究では1.3.1で提示したスペイン語における格照合のメカニズムを前提とし議論を進める。

　この格照合のメカニズムにおいては，目的格もしくは対格として従来扱われてきた格をその形態的特性に応じて二つに区分している。すなわち前置詞によって形態的に標示される与格と前置詞によって標示されない対格である。しかし，与格にはいわゆる直接目的語に対応するものの他に，他言語において一般的に見られる間接目的語に対応する与格もある。スペイン語では以下の例が該当する。

(35) Juan ofreció su　casa　a María.
　　　　　offered his house to
　　　ホアンはマリアに自分の家を提供した。

スペイン語では，前置詞"a"によって標示される間接目的語と直接目的語を明確に区別していることを示す現象がある。それぞれの要素が人称代名詞として現れる場合，前者は与格形で生起するのに対し，後者は対格形で生起するのである[16]。

(36) Juan le　　ofreció su　casa.
　　　　to-her offered his house
　　　ホアンは彼女に自分の家を提供した。

(37) a. Juan llamó a María.
         called (to)　　　　　　ホアンはマリアを呼んだ。
    b. Juan la   llamó.
         her called　　　　　　ホアンは彼女を呼んだ。

　この事実は，直接目的語の格形態としての与格と間接目的語の格形態としての与格を統語的に区別する必要性を示している。このことから，スペイン語の対格と与格の格体系は以下のように区別されると考えられる。

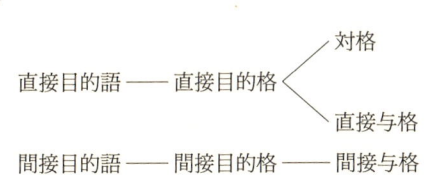

(38)
```
直接目的語 ── 直接目的格 ┌─ 対格
                        └─ 直接与格
間接目的語 ── 間接目的格 ── 間接与格
```

　ここで，直接目的格とは直接目的語に対応する抽象格で，人称代名詞においてそのまま形態的に実現される。すなわち，人称代名詞の場合には直接目的格の実現形としての対格と直接与格の対立が中和され，本来の抽象格である直接目的格に対応する格として対格が形態的に実現されるのである。この格体系に基づいて再帰受動構文と受動文について考察を進めていく。

　再帰受動構文については1.3.2で議論したように，再帰代名詞クリティックが対格素性を持っており，対格を照合するvによって格照合される。したがって，与格に対応するv_Dが併合された場合には，適切な格照合が行われず非文となると説明した。つまり，受動用法の再帰代名詞クリティックは通常の人称代名詞とは異なり，直接目的格には対応しないのである。受動文の場合には，能動文において与格で生起する名詞句であっても主語として生起できることから，関与する格が直接目的格であると考えられる。問題は受動文において直接目的格の扱いがどのようになるかということであるが，方法としては1.2.1で述べた二つの分析が考えられる。一つはChomsky

(1981)に従い，語彙部門において直接目的格が受動形態素によって吸収されるとするもの，もう一つは Baker(1988)に従い，受動形態素が直接目的格を付与されるというものである。両者のいずれが妥当であるかは経験的には決定できない問題であり，それぞれが立脚する理論的立場によって決定されるものであろう。本研究では，語彙部門におけるプロセスをできるだけ簡略化するという立場から，Baker に従い受動文においても動詞の統語的特性が変わらないと考え，以下のように仮定したい。

(39) 受動形態素は直接目的格の素性を持つ。

受動形態素の併合される位置にはいくつかの可能性が考えられるが，ここでは Baker に則って，軽動詞の主要部に併合されると考えておく。つまり，再帰代名詞の併合される位置と同じということになる。Baker に従い，受動形態素を EN として標示して受動文の構造を示すと(40)のようになる[17]。

(12) a. El barco fue hundido por el capitán.
　　　　the ship　was sunk　by　the captain

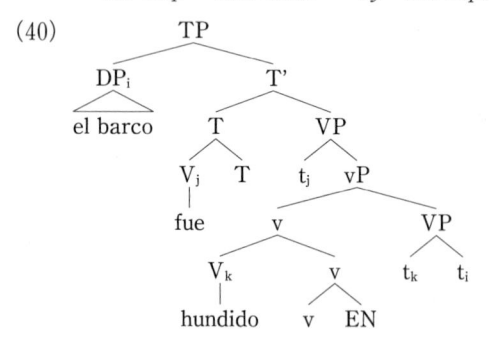

(40)
```
            TP
           /  \
         DPᵢ    T'
          |    /  \
       el barco T   VP
              / \  /  \
             Vⱼ  T tⱼ  vP
             |      /  \
            fue    v    VP
                  / \   / \
                 Vₖ  v  tₖ  tᵢ
                 |    |
              hundido v EN
```

受動形態素の持つ直接目的格の素性は，併合される軽動詞 v もしくは v_D のいずれによっても照合されるということになる[18]。

　以上の考察から，再帰受動構文における再帰代名詞クリティックと受動形

態素の違いは，前者が格素性として対格素性を持っているのに対して，後者は直接目的格素性を持っており，対格とも与格とも合致するという点であるということが結論付けられる。ここで，直接目的格における対格と与格の区別について若干触れておきたい。すでに述べたように，具現化される格としての両者の区別は定性と有生性という二つの意味的特性によって生じるものである。この二つの概念は，機能主義的観点からは1.1.1で言及した主役性という概念と密接な関係を持つものである。すなわち，有生でありかつ定であるものは主役性が極めて高くなり，それを顕在的に標示する形式として与格が用いられる。これに対して，非有生でありかつ不定であるものは主役性が低いために特に標示の必要がなく，無標の格である対格が用いられる。有生であっても不定であるものは主役性が比較的高いという程度にとどまるために，与格標示が随意的になると考えることができる。この観点から見ると，再帰受動構文における再帰代名詞クリティックが与格素性を担うことができないということも当然の帰結として導き出される。再帰受動構文とは動作主を不特定の要素に限定することによって，動作主の主役性を極端に低くする機能を持つ構文である。この結果，動作主項である再帰代名詞の主役性は極めて低いということになる。すると，主役性の高い要素が担うべき与格素性を再帰代名詞が持つことができないというのは，その機能的性質から当然のことなのである。

1.3.4. 直接目的語の与格と間接目的語の与格

以上の議論では，直接目的語の与格は軽動詞 v_D によって照合されると分析した。次に，直接目的語の与格と間接目的語の与格との関係について考察したい。

本研究が前提とするスペイン語の格照合のメカニズムでは，上記の二つの与格はいずれも軽動詞 v_D によって照合されるとした。その根拠は，以下に示されるように，直接目的語の与格と間接目的語の与格が共起することが不可能であるという事実である。

(41) a. *Describimos al general a los soldados.
(we) describe (to)-the general to the soldiers
b. *Hicieron describir al general a los soldados.
(they) made describe (to)-the general to the soldiers

(Torrego 1998)

いずれの与格も同一の軽動詞 v_D によって照合されるとすると，一つの動詞につき同種の軽動詞は一つしか共起できないために二つの与格名詞句の照合が不可能となり，(41)が非文になると説明される[19,20]。一つの文であっても，複数の動詞が生起する場合には与格名詞句が複数生起することが可能である。

(42) Hicieron a los soldados describir al general.
(they) made (to) the soldiers describe (to)-the general
兵士達は将軍がどのような人かを述べさせられた。 (ibid.)

この場合，それぞれの動詞に v_D が生起可能となるので，与格名詞句が適切に照合され，文法的となるのである。

しかし，受動文を考察するとこの分析が不十分であることが分かる。1.1.2で観察したように，能動文において直接目的語である与格名詞句を受動文の主語にすることは可能であるのに対し，間接目的語である要素を受動文の主語にすることは不可能である。

(14) a. El reo fue defendido vigorosamente por su joven abogado.
the culprit was defended vigorously by his young lawyer
(11) a. *Ella fue enviada una carta.
she was sent a letter

この事実は，受動形態素は直接目的語の与格素性を持つことは可能であるが，間接目的語の与格素性を持つことはできないことを示している。したがって，

本研究では以下のように両者の格照合を行う軽動詞を区別することとしたい。なお，直接与格とは直接目的語の与格，間接与格とは間接目的語の与格を表している。

(43) a. 直接与格は軽動詞 v_D によって照合される。
　　 b. 間接与格は軽動詞 v_{ID} によって照合される。v_{ID} は〈[±有生]かつ[±定]〉という素性をもつ。

(43b)の素性指定に関しては，間接目的語には基本的に有生性・定性に関して制約が課せられないために，いずれの素性にも合致する可変的な値が指定される。問題となるのは(41)の事実であるが，これは v_D と v_{ID} が同種の軽動詞の異形であると考えることで説明される。異形の関係にある要素は相補分布をなし，同一の環境に共起することはできない。このため，一つの同じ動詞に対して両者が同時に生起することが不可能となり，二つの与格形名詞句の格照合が行われない。このために(41)が非文となるのである。このように考えると，直接目的語の与格は，軽動詞との対応という語彙的な側面では間接目的語の与格と関係付けられるのに対し，抽象格としての目的格という格理論における統語的側面においては直接目的語の対格と関係付けられるという二面性を有していると特徴付けられる。

1.3.5. まとめ

本節では，スペイン語の再帰受動構文を受動文との比較考察のもとに分析した。以下に主張点をまとめておきたい。

まず，両構文を分析する上で不可欠なスペイン語における目的格の照合のメカニズムについては，以下のような区分が必要であると主張した。

① スペイン語の直接目的語に対応する抽象格としての直接目的格は，対格と与格(直接与格)に区分される。後者は間接目的語に対応する間接目的格としての与格(間接与格)とは区別される。

その上で，これらの格を照合する軽動詞について次のように仮定した。

② 軽動詞は以下の素性を持つ。
　a) 軽動詞 v は対格を照合し，〈[−有生]かつ[±定]〉もしくは〈[＋有生]かつ[−定]〉という素性を持つ。
　b) 軽動詞 v_D は直接与格を照合し，〈[＋有生]かつ[±定]〉という素性を持つ。
　c) 軽動詞 v_{ID} は間接与格を照合し，〈[±有生]かつ[±定]〉という素性を持つ。
　d) 軽動詞の持つ有生性・定性に関する素性は解釈不能である。

次に，再帰受動構文における再帰代名詞クリティックに関しては，以下の統語的特性を持つと議論した。

③ 再帰受動構文における再帰代名詞 "se" は，
　a) 項として動作主の θ 役割を担う。
　b) 対格素性を持つ。
　c) [＋有生]で，定性に関しては素性が指定されない。
　d) 軽動詞の主要部に項として併合される。

これに対して，受動文における受動形態素に関しては，以下の統語的特性を持つと分析した。

④ 受動形態素は，
　a) 項として動作主の θ 役割を担う。
　b) 直接目的格の素性を持つ。
　c) [±有生]，[±定]の素性を持つ。
　d) 軽動詞の主要部に項として併合される。

以上の仮定により，再帰受動構文と受動文に観察される共通点と相違点が原理に基づいて簡潔に説明されることが示された。この分析は，両構文の相違点は再帰代名詞クリティックと受動形態素が格素性と意味素性という二つの点で対立することから生じるのに対し，共通点は主要部に併合される要素として統語的ステイタスが同じである点と θ 役割を担うという点の二点から導き出されるものであるということを示している。

2. イタリア語の再帰受動構文における過去分詞の一致現象

イタリア語の再帰受動構文は，基本的に前節で分析したスペイン語の再帰受動構文と同じように分析される。動詞は，主語として機能する他動詞の直接目的語に対応する名詞句と一致する。

(44) a. Si vendono schede telefoniche.
   SE sell   cards telephone
   テレホンカードが売られている。
  b. In America si fanno follie   per l'aceto   balsamico.
   in   SE do mad things for the vinegar balsamic
   アメリカではバルサミコ酢が熱狂的な人気である。
  c. Si noleggiano biciclette.
   SE hire   bicycles
   自転車が貸し出されている。   (Maiden and Robustelli 2000)

イタリア語の当該構文がスペイン語のそれと異なるのは，複合時制文における過去分詞の一致である。イタリア語はロマンス諸語の中で，過去分詞の一致が最も豊富な言語であると言える。まず，助動詞に"essere"が用いられる場合には，基本的に過去分詞は文中の何らかの要素と性・数一致しなければならない。

(45) I   miei fratelli sono già   venuti.
   the my brothers are already come-m.pl.
   私の兄弟達はすでに来た。

再帰代名詞クリティックが複合時制の文に生起する場合には必ず助動詞"essere"が用いられる。再帰用法では，再帰代名詞クリティックが間接目

的語であっても過去分詞は主語と性・数一致する。

(46)　　　Ci siamo messi　　　il cappello.
　　　　(we) SE are　　put on-m.pl. the cap　　　私達は帽子をかぶった。

再帰受動構文の場合にも，過去分詞が主語と性・数一致する。

(47) a. Si sono fatte　　follie　　　　per l'aceto　　balsamico.
　　　　SE are done-f.pl. mad things-f.pl. for the vinegar balsamic
　　　　バルサミコ酢に対する熱狂が起こった。
　　b. Si è tagliata la torta.
　　　　SE is cut-f.sg. the cake-f.sg.　　　ケーキが切られた。　　　(ibid.)

以下では，この再帰受動構文における主語名詞句と過去分詞の形態的一致がなされるメカニズムについて考察を進める。

2.1. 先行研究
2.1.1. Burzio

　　Burzio(1986)はイタリア語における再帰動詞文を生成文法の枠組みで体系的に分析した最初の研究であると言えよう。GB理論の枠組みに則って，再帰動詞の様々な機能に対応する構造を設定し，その特徴を明示している。再帰受動構文に関しても，再帰非人称構文と関連させながら分析している。Burzioは，再帰受動構文は再帰非人称構文の受動化と考える。すなわち，対象項が主語位置(IP指定部)に移動するという派生を想定する。

(48) a. Si andrà　　a comprare quei libri appena possibile.
　　　　SE will-go-3sg. to buy　　those books as soon as possible
　　　　できるだけ早くそれらの本を買いに行くだろう。

b. Quei libri si andranno a comprare appena possibile.
   those books SE will-go-3pl. to buy   as soon as possible
   できるだけ早くそれらの本を買いに行くだろう。

再帰受動構文における再帰代名詞クリティックについては，外項の θ 役割を持ち，主語の位置から移動すると考える。すなわち，IP 指定部の位置が再帰代名詞クリティックと目的語の痕跡のそれぞれと別の連鎖を形成する。

(49) [NP$_i$] si V t$_i$

この分析は，GB 理論の枠組みにおいては奇異な印象を与えるが，分析の直観としては極めて妥当なものと言える。VP 内主語仮説を前提とする最小主義プログラムの枠組みでは，以下のように連鎖を再解釈することが可能である。すなわち，IP 指定部の名詞句が V の補部と，再帰代名詞クリティックが vP 指定部とそれぞれ連鎖を形成する。

(50) [[NP$_i$] si$_j$ V [t$_j$ [t$_i$]]]

この構造で重要なのは，再帰代名詞クリティックが動作主の θ 役割を担う項であるという点である。
　再帰代名詞クリティックの格に関しては，受動形態素と異なり主格を付与されると主張する。その根拠として，再帰代名詞クリティックは繰上げ構文においては生起可能であるのに対し，PRO を含む不定詞には接語化できないという事実を挙げている。

(51) Questi articoli risultano essersi già   letti.
    these   articles turn out be-SE already read
    結局これらの記事はすでに読まれていたのである。

(52) a. *Quei prigionieri vorrebbero essersi già liberati.
   those prisoners would-want be-SE already freed
   b. *Sarebbe bello invitarsi a quella festa.
   (it) would-be nice invite-SE to that party
   c. *La possibilità di trovarsi quei libri è remota.
   the possibility of find-SE those books is remote

(53) a. Quei prigionieri vorrebbero essere già stati liberati.
   those prisoners would-want be already been freed
   これらの囚人達はもう解放されることを望んでいるだろう。
   b. Sarebbe bello essere invitati a quella festa.
   (it) would-be nice be invited to that party
   そのパーティに招待されたらよかっただろうに。

繰上げ構文では主節の主語位置に移動した名詞句と再帰代名詞クリティックが連鎖を形成することにより主格が付与される。これに対して，PROが生起する節ではそのような連鎖が形成されず，再帰代名詞クリティックに主格が付与されないために非文となると説明する。

しかし，再帰代名詞クリティック（を含む連鎖）が主格を付与されるとすると，動詞と人称に関して形態的に一致する名詞句がどの格を与えられるのかという点については大いに問題である。Burzioはこの名詞句にも主格が付与されると考えるが，格照合を前提とした最小主義プログラムでは受け入れられない分析であると言える。

また，複合時制における過去分詞の性・数一致に関しては，目的語の位置からの移動がある場合に過去分詞の一致規則が適用されると主張する。これにより，移動後に主語の位置を占める名詞句と過去分詞が形態的に性・数一致する事実が説明される。しかし，この規則では次の例に見られる一致が説明できない。

(47) a. Si sono fatte   follie   per l'aceto   balsamico.
    SE are done-f.pl. mad things-f.pl. for the vinegar balsamic
  b. Si è tagliata la torta.
    SE is cut-f.sg. the cake-f.sg.

この文では，過去分詞と一致する名詞句は VP 内にとどまったままであり，一致規則が適用される構造条件を満たしていないのである。

上記の問題点を解決するには，再帰代名詞クリティックの格に関して再考すると同時に，再帰受動構文の構造を再検討し，その中で簡潔な一致のメカニズムを模索する必要がある。

2.1.2. Cinque

Cinque (1995) はイタリア語の再帰動詞文に関する広範囲なデータを挙げ，それらを Burzio とは異なる視点から分析した研究である。基本的には原理とパラメータのアプローチの枠組みを用いているが，その主張は一般性の高いもので最小主義プログラムにおいても再解釈可能なものと言える。ここでは本研究の対象とする再帰受動構文に限ってその主張を概観する。

再帰受動構文を分析するにあたり，Cinque も再帰非人称構文と関連付けて分析している。再帰受動構文における再帰代名詞クリティックは項として生起し，外項としての θ 役割を「保留 (withhold)」すると分析している。これにより，Burzio の一般化[21] によって動詞が対格付与能力を失う。格に関しては，再帰代名詞クリティックが IP 指定部の位置と大連鎖を形成し，この大連鎖に主格が付与されることにより，格フィルターが満たされると説明する。動詞と一致する名詞句に関しては，再帰代名詞クリティックとは別の大連鎖に含まれるので問題なく主格が付与されるとする。

この分析は，細部の違いはあるにしても，再帰代名詞クリティックの格の扱いに関しては基本的に Burzio の分析を踏襲したものであると言える。したがって，Burzio と同じ理論的問題点をはらんでいると言える。

2.2. 分　析

　まず，本研究ではイタリア語の再帰受動構文における再帰代名詞クリティックはスペイン語におけるそれと同じ統語的特性を持っているという前提に立って議論を進めていく。イタリア語の再帰受動構文の複合時制における過去分詞の性・数一致現象を説明するには，イタリア語における過去分詞の性・数一致という形態的現象を理論的に説明するメカニズムを確立する必要がある。従来このメカニズムを模索した研究として Burzio(1986) が挙げられるが，上で述べたように経験的にも理論的にも不十分なものであると言える。本研究では，ϕ 素性の照合という観点から分析を進めていく。

　2章で議論した再帰用法の再帰代名詞クリティックの過去分詞との一致では，再帰代名詞クリティックが過去分詞である v に編入した際に行われる一致が形態的に具現化されると分析した。再帰受動構文において同じように分析することはできない。再帰受動構文において過去分詞が形態的に一致するのは再帰代名詞クリティックではなく，動詞の内項として生起する名詞句であるからである。1.3のスペイン語の再帰受動構文における分析で示したように，この構文の再帰代名詞クリティックは不特定の人間を指示する要素であり，性の素性に関しては指定されていない。このため，性・数という ϕ 素性に関して実現される過去分詞との一致に関与することができないはずである。したがって，再帰受動構文における性・数一致は別のメカニズムによるものと考えねばならない。

　ここで，分析を進める上で有益な現象に注目したい。再帰受動構文以外にも，過去分詞が動詞の内項である名詞句と常に一致する場合がある。非対格動詞が主動詞として生起する文である。

(45) I　miei fratelli　sono già　　　venuti.
　　 the my　brothers are　already come-m.pl.

この文が再帰受動構文と共有するもう一つの特徴は，助動詞として"essere"が選択されるということである。そもそも非対格動詞の複合時制において

て助動詞として"essere"が選択されるのは，非対格動詞が持つ結果状態の意味によるものである。すなわち，(45)の文を例にとると，ただ単に兄弟が来たという過去の事実を述べるにとどまらず，その事実の結果兄弟がここにいるという状態が現在成立していることも含意するのである。つまり，非対格動詞の過去分詞が，動詞的な機能と同時に形容詞的な機能も果たしている。助動詞に"essere"が用いられるということは，過去分詞が形容詞的に解釈されコピュラ文としての性質を与えられていることを反映していると言える。このように，形容詞的に解釈される過去分詞を統語分析に組み込むことによって，過去分詞の一致現象が自然に分析されることになる。本研究では，このような形容詞として再解釈される過去分詞は，軽動詞vのカテゴリーとして反映されると考え，このような軽動詞をv_Aと表記する。v_Aは，通常の軽動詞と異なり，関係付けられる名詞句との一致が義務的であるという形容詞としての性質を持つと仮定する。この一致の義務性は，形容詞にとっての性・数というϕ素性の特性に起因する。性・数という特性は本来名詞が持っている素性であり，形容詞の意味を決定する上で必要な語彙的性質ではありえない。このため，形容詞の性・数のϕ素性は解釈不能なものであり，統語部門において照合されねばならないものである。このため，v_Aと名詞句との一致が義務的となるのである。非対格動詞文においては，統語的主語として生起する動詞の内項の名詞句が過去分詞と関係付けられる唯一の候補であるので，この名詞句と一致することによって形態的に性・数一致が具現化されるのである。これを構造で示すと(54)のようになる。この構造において，過去分詞であるv_Aと名詞句は一致操作によって一致し，過去分詞において形態的な性・数一致が具現化される。

　このメカニズムを再帰受動構文にも適用してみよう。1.3で述べたように，再帰受動構文においては，内項の名詞句はVの補部に，再帰代名詞クリティックは軽動詞主要部，この場合にはv_Aにそれぞれ併合され，v_AP指定部は空となる。TのEPP素性の照合のために，内項の名詞句はTP指定部に移動する。再帰代名詞クリティックは定動詞である助動詞に接語化すべくTに主要部移動する。この派生を(55)に示す。

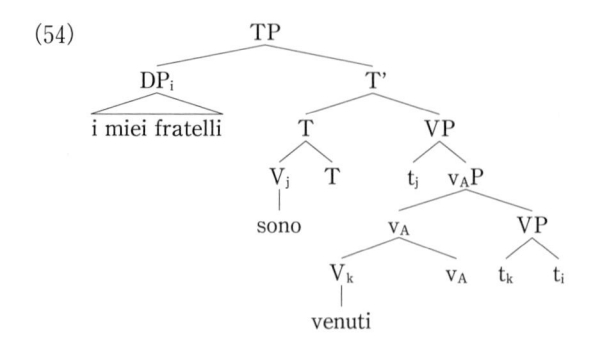

(54) [樹形図: TP - DPᵢ (i miei fratelli), T' - T (Vⱼ sono, T), VP - tⱼ, vₐP - vₐ (Vₖ venuti, vₐ), VP - tₖ, tᵢ]

(55) a. Una cosa simile non si è mai vista.
    a thing similar not SE is ever seen
    そのようなことは今まで見られなかった。

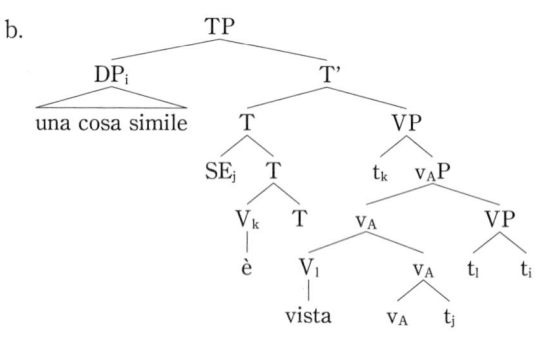

 b. [樹形図: TP - DPᵢ (una cosa simile), T' - T (SEⱼ, T - Vₖ è, T), VP - tₖ, vₐP - vₐ (Vₗ vista, vₐ - vₐ, tⱼ), VP - tₗ, tᵢ]

 v_A は解釈不能の性・数に関する ϕ 素性をもっているために，素性照合を受けねばならない。ここで，照合される要素として二つの選択肢がある。一つは内項の名詞句，もう一つは v_A に併合される再帰代名詞クリティックである。実際には過去分詞が性・数一致するのは内項の名詞句であるから，v_A が素性照合されるのはこの名詞句であって再帰代名詞クリティックではない。では，なぜ再帰代名詞クリティックと v_A の素性照合が行われないのであろうか。ここで，再帰代名詞クリティックの ϕ 素性に関して検討する必要がある。そもそも再帰代名詞クリティックというのは項でありながら，具体的な指示対象をもたない要素である。実際に動作主が誰であるかは語用論的に

決定されるものであり,統語的には動作主の具体的指示対象が未決定のままに文の意味が解釈される。以下の,動作主を明示した文が非文となる事実がこのことを明確に示している。

(56) *Da noi si   vorrebbe   un rinnovamento dell'apparato
     *by us SE would-want a renovation   of-the machinery
     amministrativo.
     administrative   (Renzi et al. 2001)

したがって1.3で述べたように再帰代名詞クリティックは[+有生]という素性は持っているものの,性・数に関しては未指定であると考えるのが妥当である。性・数の素性が未指定であるということは,性・数に関する解釈不能の ϕ 素性をもつ v_A の素性照合の対象とはなり得ないということになる。残る候補としては内項の名詞句のみが存在することになるために,v_A はこの要素と一致操作によって素性照合されることになり,性・数の一致が形態的に具現化されるのである。このため,内項の名詞句の TP 指定部への移動の有無に関わらず,この要素は T とは主格素性および T の人称に関する ϕ 素性の照合,v_A とは性・数に関する ϕ 素性の照合をそれぞれ行い,定形の助動詞と過去分詞のいずれもがこの要素と形態的に一致することになるのである。

　以上の分析では,再帰受動構文の複合時制において v_A が生起するという仮定が中心的な役割を果たしているが,この分析を支持する現象がある。再帰受動構文において法動詞が複合形の不定詞を選択する例である。このような例において,複合形の助動詞は "essere" が用いられねばならず,"avere" が用いられれば非文となる。

(57) a. A questa età, certe   esperienze si devono essere fatte.
        at this   age certain experiences SE must   be   made
        この年齢ならば何らかの経験をしているはずだ。

b. *A questa età, certe esperienze si devono avere fatte.
   at this   age certain experiences SE must   have made

(Renzi et al. 2001)

すでに述べたように，v_Aは形容詞的な性質を持った軽動詞である。非対格動詞の過去分詞の性・数一致もこのv_Aの生起によって引き起こされ，v_Aは常に助動詞として"essere"を選択すると考えられる。すると，(57)の事実は再帰受動構文においてv_Aが生起していることを示していると言える。助動詞として"avere"を選択するのは動詞的なvであるので，再帰受動構文において助動詞"avere"が生起することはないのである。

このように，再帰受動構文における過去分詞の性・数一致という現象は，イタリア語の複合時制文の構造を考察する上で重要な示唆を与えるものである。v_Aという形容詞的性質を持つ軽動詞を理論的に設定することによって，複合時制における助動詞の選択と過去分詞の性・数一致という二つの現象を関連付けて体系的に説明することが可能となるのである。

3. フランス語の再帰受動構文に見られる制約

フランス語の再帰受動構文は，伝統文法において受動用法と呼ばれている。この名称は，この用法がいわゆる受動文との関連性において捉えられていることを示しているが，実際には言語学の分野において中間構文と呼ばれる構文に対応する用法であることが指摘されてきた。そのため，この用法で用いられる再帰代名詞クリティックは"se-moyen"と呼ばれ，生成文法を含む様々な分野において多くの分析がなされてきた。中間構文一般に観察される特性として，フランス語の再帰受動構文は，イタリア語やスペイン語における当該構文には見られないアスペクトに関する制約があると一般的にみなされている。その制約は，他の統語的要因と連関しながら課せられているということが複数の先行研究[22]において指摘されている。本節では，フランス語の再帰受動構文における再帰代名詞クリティックの分布を決定する複合的な

要因を整理し、その複雑な分布を簡潔に説明することのできる分析を提示する。

3.1. 再帰受動構文における再帰代名詞クリティックの分布

ここでは、フランス語の再帰受動構文における再帰代名詞クリティックの統語的分布を観察する。フランス語では、再帰受動構文において特に具象性の高い内項の名詞句が主語位置にある場合、通常は継続的な性質や状態を表し、個別事象としての解釈は不可能である。特に完了アスペクトを表す時制との共起は容認されない[23]。この用法は一般に中間構文と呼ばれるものに対応すると考えられるため、以下では中間用法と呼ぶ。

(58) a. Autrefois, un pantalon se lavait à l'eau enzymée.
   formerly a trouser SE washed in the water enzymatic
   かつてはズボンは酵素入りの水で洗っていた。

  b. *Un pantalon se lave en ce moment dans la machine.
   a trouser SE washes at this moment in the machine

  c. *Beaucoup de vin se boira ce soir.
   much of wine SE will-drink this evening

   (以上, Obenauer 1970)

  d. Le lait se boit chaque matin.
   the milk SE drinks every morning 牛乳は毎朝飲まれる。

  e. Ces lunettes se nettoient facilement.
   these glasses SE clean easily
   この眼鏡は簡単に掃除できる。

  f. *Ces lunettes se sont nettoyées hier
   these glasses SE cleaned yesterday
   à huit heures et quart.
   at quarter past eight

   (以上, Ruwet 1972)

g. Ce fa dièse se joue avec le troisième doigt.
   this fa sharp SE plays with the third finger
   このシャープのファは第3指で演奏される。

h. *Cette racine s'est mangée ici autrefois.
   this root SE ate here formerly (以上, Zribi-Hertz 1982)

これらの例で非文となっているものはすべて，ある特定の時間に成立する（した）個別の一事象を表すものであり，中間用法には対応しない文である。

これに対して，具象性の低い名詞句が主語として生起する場合には，個別事象としての解釈が可能な用法が存在する。このような場合には完了アスペクトに対応する時制との共起も可能であり，中間用法と区別する意味で本来の受動用法と呼ぶことができる[24]。

(59) a. La question s'est discutée hier dans la salle du
       the question SE discussed yesterday in the room of-the
       conseil.
       council その問題は会議室で昨日議論された。

(Boons, Guillet and Leclère (BGL) 1976)

b. Le crime s'est commis hier matin.
   the crime SE committed yesterday morning
   その犯罪は昨日の朝行われた。

c. L'opération s'est effectuée hier.
   the operation SE performed yesterday
   その手術は昨日行われた。

d. La dernière course s'est courue hier soir.
   the last race SE ran yesterday evening
   最終レースは昨夜行われた。 (以上, Zribi-Hertz 1982)

再帰代名詞クリティックの生起する統語的環境について検討すると，極め

て興味深い事実が観察される。虚辞の非人称主語代名詞"il"が生起する非人称構文において再帰代名詞クリティックが生起する場合には，常に個別事象を表し，継続的な性質・状態を表すことはできないという事実である。内項の名詞句が主語位置に生起する構文と異なり，この場合には内項として具象性の高い名詞句も生起可能である。個別事象を表すのであるから，このような例はすべて受動用法である。

(60) a. Il se boira beaucoup de vin ce soir.
　　　　it SE will-drink much of wine this evening
　　　　今晩はたくさんのワインが飲まれるだろう。　　(Obenauer 1970)

　　b. Il s'est recyclé 300 tonnes de papier en France cette année.
　　　　it SE recycled tons of paper in this year
　　　　今年フランスで300トンの紙がリサイクルされた。

　　c. Il s'est mangé une racine ici autrefois.
　　　　it SE ate a root here formerly
　　　　かつてここで根が(ひとつ)食べられた。

　　d. Il s'est vendu deux de tes livres ce matin.
　　　　it SE sold two of your books this morning
　　　　今朝君の本が2冊売れた。

　　e. *Il se vend bien deux de tes livres.
　　　　it SE sells well two of your books

　　f. Il se joue deux sonates de Haendel ce soir à la MJC.
　　　　it SE plays two sonatas of this evening at the
　　　　今晩MJCでヘンデルのソナタが2曲演奏される。

　　g. *Il se joue deux fa dièse avec le troisième doigt.
　　　　it SE plays two fa sharp with the third finger
　　　　　　　　　　　　　　　　　　(以上，Zribi-Hertz 1982)

これらの例で非文となっているのは，一般的な状況を表す中間用法に対応し

ている例である。

　受動文との対立点としては，次の例のように再帰受動構文では他動詞のみが生起可能で，自動詞は不可能である点が挙げられる[25]。

(61) a. *Il se dort souvent ici.
　　　　it SE sleeps often here
　　 b. Il a été dormi ici récemment.
　　　　it has been slept here recently　　　最近ここで人が寝た。
　　 c. *Il s'est abouti à un compromis acceptable.
　　　　it SE led to a compromise acceptable
　　 d. Il a été abouti à un compromis acceptable.
　　　　it has been led to a compromise acceptable
　　　　受入可能な妥協に至った。
　　 e. *Il ne se pactisera pas avec l'ennemi.
　　　　it SE will-treat not with the enemy
　　 f. Il ne sera pas pactisé avec l'ennemi.
　　　　it will-be not treated with the enemy
　　　　敵と和平協定が結ばれることはないだろう。　　　　　　(ibid.)

また，受動文とは異なり，再帰受動構文では外項に対応する要素(典型的には，動作主)を明示化することはできない。

(62) a. *Cette voiture se gare facilement par n'importe qui.
　　　　this car SE parks easily by anyone
　　 b. *Ce point s'est discuté par plusieurs personnes.
　　　　this point SE discussed by several persons　　(ibid.)

しかし，再帰受動構文においても外項に対応する要素は意味的には含意される。以下の例では，動作主の存在を含意するジェロンディフや副詞句が生起

しており，明示されない動作主が想定されていることが示唆されている。

(63) a. Le poulet se cuit en le tournant fréquemment.
    the chicken SE cooks in it turning frequently
    鶏肉はよく回しながら焼かれる。 (Jones 1996)
  b. Ce type de branche se casse d'une seule main.
    this type of branch SE breaks of one only hand
    この種の枝は片手で折れる。
  c. La question s'est discutée hier avec passion dans la
    the question SE discussed yesterday with passion in the
    salle du conseil.
    room of-the council
    その問題は昨日会議室で熱心に議論された。 (以上 BGL 1976)

したがって，スペイン語やイタリア語の再帰受動構文と同様に，統語構造上，外項に対応する要素が存在すると考えられる。

3.2. 先行研究

フランス語の再帰受動構文についての先行研究は，拡大標準理論の時代に多くなされたものの，それ以降はあまり研究が進められていないと言える。ここでは，その中から最も包括的な再帰受動構文についての分析を提示したZribi-Hertz(1982)と，最小主義プログラムによる数少ない分析例と言える三藤(1996)の，それぞれの要点を確認する。

3.2.1. Zribi-Hertz

Zribi-Hertz は，フランス語における受動用法の再帰代名詞クリティックが，主語人称代名詞が省略可能であるという pro-drop の特徴を有するロマンス諸語における受動用法および非人称用法の再帰代名詞クリティックとまったく同じように分析されると主張し，以下の変形規則を仮定する。

(64) base: [$_{NP}$ e] [$_{INFL}$ Temps, ACCORD] [$_{VP}$ [V] [X$_1$]] (X=NP ou S')
DÉPLACER X$_1$ ⇒ [$_{NP}$ X$_1$] [$_{INFL}$ Temps, ACCORD] [$_{VP}$ [V] [t$_1$]]
ÉPEL de t ⇒ [$_{NP}$ X$_1$] [$_{INFL}$ Temps, ACCORD] [$_{VP}$ [V] [α_1]]
　　(α anaphorique)　　　　　　　　　　　　　　[+réflex.]
PL-CL ⇒ [$_{NP}$ X$_1$] $_{INFL}$[réflexif, Temps, ACCORD] [$_{VP}$ [V]]

まず，再帰代名詞クリティックは名詞句と同じようにVの補部にX$_1$として基底生成される。このX$_1$に移動規則が適用され，主語の位置に移動する。次に，X$_1$の痕跡に書き換え規則が適用され，再帰の性質をもつα_1となる。最後に接語であるα_1に接語配置規則が適用され，屈折辞INFLに接語化されて再帰受動構文が生成されるというものである。この分析は現在の最小主義プログラムでは認められない変形規則を仮定しているという理論的問題が存在するのはもちろんだが，3.1で観察した中間用法の再帰受動構文と受動用法の再帰受動構文をまったく区別していないために，両者の分布上の制約を説明できないという経験的問題も含んでいる。

3.2.2. 三　藤

　三藤は，再帰受動構文をいわゆる能格構文としての再帰動詞と対比させる形で最小主義プログラムの枠組みで分析した数少ない研究である。VP殻構造を基本に，通常の自動詞文には生起しない受動形態素の素性に対応する[+EN]をもつ軽動詞vが両構文において生起し，このvが再帰代名詞クリティックとして音韻上実現されると提案する。この分析に従うと，(65a)の再帰受動構文と(65b)の能格構文の構造は(66)のように示される[26]。

(65) a. Ce　vase se　casse　facilement.
　　　　　this vase SE breaks easily　　　この花瓶は割れやすい。
　　 b. Ce　vase s'est cassé hier.
　　　　　this vase SE　broke yesterday　この花瓶は昨日割れた。

(66) a.

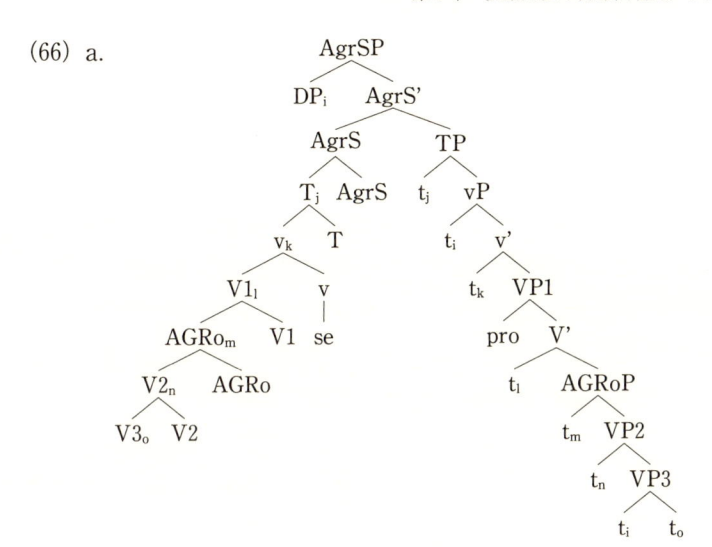

```
                    AgrSP
                   /    \
                 DPᵢ    AgrS'
                       /    \
                    AgrS     TP
                    /  \    /  \
                  Tⱼ  AgrS tⱼ   vP
                 /  \         /  \
                vₖ   T       tᵢ   v'
               /  \              /  \
             V1ₗ   v            tₖ   VP1
            /  \   |                /  \
         AGRoₘ V1  se            pro   V'
         /  \                         /  \
       V2ₙ  AGRo                    tₗ   AGRoP
       /  \                              /  \
     V3ₒ  V2                           tₘ   VP2
                                           /  \
                                         tₙ   VP3
                                              /  \
                                            tᵢ   tₒ
```

b.

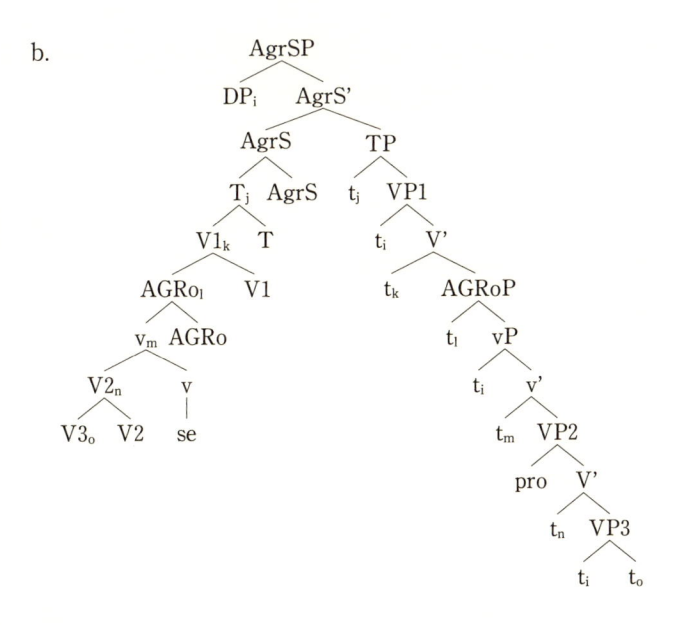

```
                    AgrSP
                   /    \
                 DPᵢ    AgrS'
                       /    \
                    AgrS     TP
                    /  \    /  \
                  Tⱼ  AgrS tⱼ   VP1
                 /  \         /  \
               V1ₖ   T       tᵢ   V'
              /  \                /  \
           AGRoₗ  V1             tₖ   AGRoP
           /  \                       /  \
          vₘ  AGRo                  tₗ   vP
         /  \                            /  \
       V2ₙ   v                         tᵢ   v'
       /  \  |                              /  \
     V3ₒ  V2 se                           tₘ   VP2
                                               /  \
                                             pro   V'
                                                  /  \
                                                tₙ   VP3
                                                     /  \
                                                   tᵢ   tₒ
```

VP1は総称量化の領域，VP2は存在量化の領域であると規定される。両構文の構造上の相違点は，proが生起する位置である。(65a)の再帰受動構文ではproがVP1の指定部に位置するのに対し，(65b)の能格構文ではVP2の指定部に位置する。これにより，proが総称量化の領域に位置することになる再帰受動構文では一般的特性や潜在的可能性という解釈がなされるのに対し，proが存在量化の領域に位置する能格構文では一過性の事態としての解釈がなされると説明される。また，非人称構文において再帰受動構文が一過性の事態を表すという事実については，非人称構文においては対象項の名詞句がTP指定部に移動せず，存在量化の領域であるVP$_2$の内部にとどまっているためであると説明される。

　三藤の分析は二つの構文の解釈や統語的特性の違いを簡潔に説明し得るという点において極めて優れていると言える。再帰代名詞クリティックが軽動詞の位置に生起するという考えも本研究と共通するものである。ただし，内項の名詞句が主語位置に移動している場合でも個別事象を表すことが再帰受動構文において見られるという3.1で示した事実を説明することが難しいという問題点がある。本研究では，この問題を解決する上で有効な分析を進めることとする。

3.3. 再帰代名詞クリティックの統語的特性
3.3.1. θ役割と格

　すでに見たように，中間用法の再帰受動構文における再帰代名詞クリティックと受動用法の再帰受動構文におけるそれとは明らかに分布が異なる。これについては二つの理論的な捉え方が可能である。一つは両者は同じ要素であり，生起する統語的環境によってその用法が決定されるというもの，もう一つは両者を別の要素として設定するというものである。両者の相違は，この二つの要素が同一の形態素であるという前提では簡潔に説明することは極めて難しいと言える。しかし，伝統文法において両者が区別されずに記述されてきたという事実は，両者が全く別個の要素としてのステイタスを持つと分析することの不自然さを示していると言える。そこで本研究では，基本

的特性は再帰受動構文として両者に共通しているものの，ある特定の部分で性質が異なり，その差異が分布上の相違を引き起こしているという立場をとる。

1.3までの議論で示したように，名詞的要素の統語的ステイタスを考察する上で重要な概念は二つある。動詞との意味的関係に関わるθ役割と文レベルにおける形態統語的概念である格である。フランス語の再帰受動構文における再帰代名詞クリティックがこの二つの点に関してどのように特徴付けられるかをまず考察したい。

θ役割については，(63)の例に見られるように中間用法の再帰受動構文と受動用法の再帰受動構文のいずれにおいても外項のθ役割を担う要素の存在が含意されている[27]。この事実は，文の中に外項のθ役割を担う要素が統語的に存在すると考えれば簡潔に説明される。当該構文においてその役割を果たしていると考えられるのは再帰代名詞クリティック以外には考えられない。したがって，以下のように仮定する。

(67) 受動用法の再帰代名詞クリティックは外項としてのθ役割を担う。

このように仮定した上で次に問題となるのは，再帰代名詞クリティックが構造上どの位置に併合されるかという問題である。この点に関しては，1.3におけるスペイン語の再帰代名詞クリティックの議論に従い，以下のように仮定する。

(68) 受動用法の再帰代名詞クリティックは軽動詞の主要部に併合される。

次に，再帰代名詞クリティックが関係付けられる格について考察しよう。ここで重要なのは，(61)で見たように再帰受動構文における再帰代名詞クリティックが他動詞以外の動詞と共起できないという点である。他動詞とそれ以外の動詞を最も明示的に区別する特徴は対格の照合能力の有無である。すると，この事実は以下のように仮定することで説明される。

(69) 受動用法の再帰代名詞クリティックは対格素性を持つ。

名詞句の格素性は解釈不能な素性なので，適切に照合されねば派生が破綻してしまうことになる。(61a, c, e)では，再帰代名詞クリティックの対格素性を照合できる要素が存在しないために非文となると説明できる。ここで問題となるのが，受動文との対立である。(61b, d, f)で見たように，受動文は，非人称構文において他動詞以外の動詞でも可能である。他動詞以外では受動文が許容されない英語などの言語については，Baker(1988)のように受動形態素が対格を付与されると分析される。これに対してフランス語の受動文には，このような分析が適用されないということになる。では，フランス語の受動文についてどのように考えるべきであろうか。本研究では，以下のように仮定したい。

(70) フランス語の受動形態素は随意的に対格素性を持つ。

随意的とは，他動詞と共起する場合には他動詞のもつ対格素性の照合のために受動形態素が対格素性を持つが，自動詞と共起する場合には対格素性を持つ必要がないということである。これに対して，受動文における外項の θ 役割の扱いについては，英語のそれと同じであると考えられる。すなわち，受動形態素が外項の θ 役割を付与されるという分析が適用される。この部分に，まさに自動詞の受動文の本質が示されていると言えよう。機能的観点から見ると，外項の名詞句が背景に後退させられることにより，動詞句によって表されるプロセスの存在自体に焦点が当てられることになる。この機能はまさに非人称構文の機能と合致するものであり，自動詞の受動文がもっぱら非人称構文において生起するのも当然なのである。

最後に，動作主の明示の可否について触れておきたい。(62)に見られるように，再帰受動構文は動作主が明示し得ないという点で受動文と対立する。この事実は，受動形態素と再帰受動構文における再帰代名詞クリティックに関する語彙的特性の違いに起因すると考えられる。再帰代名詞クリティック

は特定化されない動作主を指示する要素であるために，特定化された ϕ 素性，特に性に関する素性は持たない。このために性に関する ϕ 素性をもつ名詞句によって動作主を明示すると，動作主を指示する要素間で ϕ 素性の不一致が生じ，非文となる。これに対して，受動形態素は特定化されたものを含むあらゆる動作主に対応する要素なので，性に関して[±男性]という可変的な値を持っていると考えられる。これらの値はどのような名詞句の ϕ 素性とも合致するので，動作主が明示されても文法的となると説明できる。

3.3.2. 中間用法と受動用法の違い

　中間用法の再帰受動構文と受動用法のそれを区別する分布上の相違は3点ある。第1点は前者には完了アスペクトの時制と共起できないという時制に関する制約が見られるというもの，第2点は後者には内項の名詞句が主語として生起する場合，具象性の低いものでなければならないという意味的特性に関する制約が見られるというもの，そして第3点は前者が非人称構文において生起不可能であるというものである。以下では，この3点を順次考察することとする。

　まず第1点として挙げた中間用法の再帰受動構文の時制に関する制約は，再帰代名詞クリティックの持つ時制素性という観点から分析したい。再帰代名詞クリティックは軽動詞vに併合される。vは義務的にTへ移動するので，再帰代名詞クリティックも共に移動することになる。Tは一致・時制に関わる要素であるので，いずれの素性をも持っている。ここで，中間用法における再帰代名詞クリティックが時制に関する素性を持ち，Tの素性と照合されると考えてみよう。具体的には，未完了アスペクトの時制と共起するので，素性としては[−完了]が考えられる。しかし，一定期間を示す複合過去形と共起する例も見られるので，ここでは[＋継続]という素性を設定する。この素性は名詞句の意味的特性から生じるものではないので，以下のように仮定する。

(71) 中間用法の再帰代名詞クリティックは解釈不能の[＋継続]という素性

を持つ[28]。

個別事象に対応する時制の場合，Tは[−継続]の素性を持つ。もし中間用法の再帰代名詞クリティックがこのような時制と共起した場合には，再帰代名詞クリティックの[＋継続]の素性がTと適切に照合されないために，派生が破綻する。このため，受動用法が許されない具象名詞が主語となっている(58f, h)が非文となると説明される。

(58) f. *Ces lunettes se sont nettoyées hier
 these glasses SE cleaned yesterday
 à huit heures et quart.
 at quarter past eight

h. *Cette racine s'est mangée ici autrefois.
 this root SE ate here formerly

次に第2点として，受動用法における再帰受動構文において内項の名詞句が主語として生起する場合の意味的制約について考察を進めたい。この制約は，名詞句の意味的特性に関わるものであるため，解釈可能な素性という観点から分析可能である。ここで問題となる名詞句の具象性の度合は，他動詞の意味に関する議論で用いられる「受影性」という概念によって捉えることができる。すなわち，具象性の低い名詞の場合には，動詞が指示する動作によって対象の名詞句の指示対象に与えられる影響の度合が低いと考えられる。これを[−受影]という素性で表すこととしよう。すると，受動用法において主語として生起する名詞句，すなわちTP指定部に移動する名詞句には[−受影]という素性が必要であるということになる。では，この制約はどの要素によって課されるのであろうか。T主要部がこのような意味的特性を持っているとは考えられないので，唯一の候補は再帰代名詞クリティックである。そこで，受動用法の再帰代名詞クリティックについて以下のように仮定したい。

第 3 章　受動用法の再帰代名詞クリティック　*161*

(72) 受動用法の再帰代名詞クリティックは[－受影]という素性を持つ。

再帰代名詞クリティックは軽動詞 v と共に T に移動しているので，TP 指定部に位置する要素と一致する。ここで，TP 指定部の名詞句は再帰代名詞クリティックの素性と矛盾する素性を持ってはならないと考えることができる。すると，[＋受影]の素性を持つ名詞句が受動用法の再帰代名詞クリティックと共起できないことを示す(58b, c)が説明される。

(58) b. *Un pantalon se lave en ce moment dans la machine.
　　　　a　trouser　SE washes at this moment in　the machine
　　c. *Beaucoup de vin se boira ce soir.
　　　　much　of wine SE will-drink this evening

これらの文では，主語位置に生起する内項の名詞句が[＋受影]の素性を持っているため，[－受影]の素性を持つ再帰代名詞クリティックと一致することができないことから，非文となるのである[29]。この受影性に関する素性は名詞句本来の意味に関する素性であるため，その照合は LF 以降に行われることになる。

　ここで，受動用法の再帰代名詞クリティックが[－受影]の素性をもつ根拠を考えてみたい。そもそも受動用法の再帰受動構文の機能とは，事象における動作主の存在を前景から背景に移行し，事象の生起そのものに焦点をあてるというものである。これは，動作の対象に対する動作主の影響力が低下させられるということを意味する。これが[－受影]という素性のもつ本質的意味であると考えられる。これに対して，中間用法の再帰受動構文にはこのような素性がない。これも，中間用法の再帰受動構文の機能を考えることによって説明される。この文の機能とは，対象の名詞句が不特定多数の人間によってある動作を受けるという性質を持っていることを表すというものである。このことを示す事実として，個別事象を表す場合には，複数の動作主を含意する副詞句表現と共起できない。

(73) a. Cette histoire se raconte de toutes parts.
　　　　this story SE tells of all parts
　　　　この話はあらゆる方面で語られる。
　　b. *Le crime s'est commis de toutes parts ce matin.
　　　　the crime SE is committed of all parts this morning
　　c. *La décision s'est prise ce matin de toutes parts.
　　　　the decision SE is taken this morning of all parts

(Zribi-Hertz 1982)

　この事実は，中間用法の再帰代名詞クリティックが 3 人称複数という具体的な ϕ 素性を持つ要素であると考えることで説明される。このように特定化された ϕ 素性を持つということは，中間用法の再帰代名詞クリティックの存在が必ずしも背景に後退させられているのではないことを意味する。したがって，動作主の対象に対する動作の影響が大きくても構わないために，受影性に関する制約が課されないと考えられる。

　最後に第 3 点として，非人称構文について考察しよう。非人称構文においては再帰用法の再帰代名詞クリティックのみが生起可能であり，中間用法の再帰代名詞クリティックの生起は許容されない。この事実は，Diesing(1992)における「個体レベル(individual level)」と「局面レベル(stage level)」の二つの解釈の対立が関与していると考えられる。個体レベルとは一定期間成立する性質・状態に対応する解釈で，局面レベルとは個別の事象に対応する解釈である。中間用法の再帰受動構文は前者，再帰用法の再帰受動構文は後者にそれぞれ対応する。Diesing は名詞句の統語的位置と両解釈に対応関係が存在すると主張する。すなわち，TP 指定部にある名詞句は個体レベルの解釈を与えられるのに対し，VP 内にとどまる名詞句は局面レベルの解釈に対応するのである。では，この主張は最小主義プログラムにおいてどのように解釈されるであろうか。本研究では，個体レベルの解釈の場合，T が[＋個体]という素性を持つと仮定する。この素性は，[＋継続]という素性の存在を前提とするものであると考えられる[30]。この[＋個体]という素性は，T

の持つ別の素性であるEPP素性と同様にT本来の意味的特性に関わるものではないので，解釈不能の素性である。したがって，EPP素性と同時に照合されるべく，名詞句をTP指定部に牽引（attract）する。EPP素性と異なるのは，[＋個体]は具体的指示対象を持つ名詞句によってしか照合されないので，虚辞の要素では適切に照合されないという点である。このように，Diesingの提案はTの持つ解釈不能の素性という形で再解釈が可能となる。

　以上の前提に立って，当該現象を考えてみよう。中間用法の再帰代名詞クリティックが生起する文，すなわち中間構文の本質的機能は個体レベルの叙述である。このため，再帰代名詞クリティックが併合されるvは[＋個体]という素性をもつTの併合を要求すると考えられる。すると，Tの[＋個体]を照合するために，指示対象を持つ名詞句がTP指定部に位置しなければならない。非人称構文においては，内項の名詞句はVP内にとどまったままであり，TP指定部には指示対象を持たない虚辞の人称代名詞が併合される。このため，TのEPP素性は適切に照合されても[＋個体]の素性が照合されないために，派生が破綻し非文となるのである。この派生は以下に示される。

(60) e. *Il se vend bien deux de tes livres.
　　　　it SE sells well two of your books

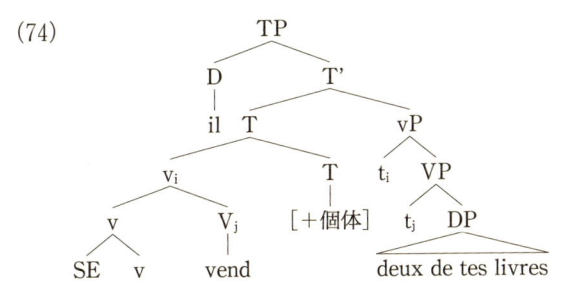

(74)
```
                    TP
                   /  \
                  D    T'
                  |   /  \
                  il T    vP
                    / \  /  \
                   v   T t_i VP
                  /|   |    /  \
                 v  V_j [+個体] t_j DP
                 |  |          ────────
                SE  v          deux de tes livres
                    |
                   vend
```

　これに対して，受動用法の再帰代名詞クリティックはそもそも局面レベルに対応する要素である。このため，TにはEPP素性以外に解釈不能の素性

が存在しない。したがって，内項の名詞句が TP 指定部に移動しなくとも虚辞の代名詞によって T の唯一の解釈不能の素性である EPP 素性が照合され，名詞句が VP 内にとどまっていても問題がないために，非人称構文において再帰用法の再帰代名詞クリティックが生起可能なのである。

この分析は，再帰受動構文以外の事実も説明する一般性の高いものである。非人称構文では個別事象としての解釈のみが可能であり，状態の解釈は不可能である。このため，状態性の述語は非人称構文において生起することはできない。

(75) a. Il marche trois poupées ici.
   it walks three dolls here ここを人形が三つ歩く。
 b. Il est fermé plusieurs portes ici.
   it is closed several gates here
   ここでいくつもの門が閉められる。
 c. *Il est malade plusieurs pensionnaires actuellement.
   it is ill several residents at present

            (Zribi-Hertz 1982)

状態の解釈が名詞句と[+個体]を持つ T との照合によって認可されると考えると，内項の名詞句が VP 内にとどまったままではこの照合が不可能となることによって(75c)のような文が非文となると説明される。

最後に，再帰用法の再帰代名詞クリティックが生起する非人称構文において，内項の名詞句に具象性に関する制約が見られない理由も上記の分析から簡潔に説明されることを示したい。非人称構文では内項の名詞句が VP 内にとどまっており，TP 指定部には虚辞の代名詞"il"が併合される。この要素は意味的な内容を持たないため，当然受影性に関しては値が指定されていない。このために T 主要部に位置する再帰代名詞と一致しても問題がないのである。名詞句が持つ受影性の素性は時制要素とは異なり，あくまでも名詞に関わる解釈可能な素性であり照合の必要はない。したがって，VP 内に

とどまったままの名詞句と再帰代名詞クリティックの一致は行われないのである。

3.3.3. 使役構文との共起

3.3.1で，再帰受動構文における再帰代名詞クリティックが対格素性を持つと仮定したが，これを支持する現象として，使役構文において再帰受動構文の生起が許容されないという事実が挙げられる。

(76) a. *Les mœurs actuelles font se dire cela surtout pour
 the customs present make SE say that especially for
 ennuyer les gens.
 bore the people
 b. *Leur rondeur fait se manger bien en parlant les noisettes.
 their openness makes SE eat well in speaking the hazelnuts
 c. *Un prix intéressant ferait s'acheter un tel jouet pour
 a price interesting would-make SE buy a such toy for
 soi-même.
 oneself
 (Kayne 1977)

これに対して，伝統文法において本来的用法と呼ばれている再帰代名詞クリティックは，使役動詞の補文として現れることができる。この用法は，動詞が常に再帰代名詞と共に用いられ，再帰代名詞が特定の機能を果たさず動詞の一部を成しているとみなされるものである。

(77) a. Le choc a fait s'évanouir la jeune fille.
 the shock made faint the young girl
 ショックでその少女は気を失った。
 b. Les nombreuses insultes ont fait s'en aller le jeune homme.
 the many insults made go away the young man

多くの侮辱を受けたため，その青年は立ち去った。

c. Voilà ce qui l'a fait s'en prendre à son patron.
   this is that which him has made blame   to his manager
   こういうわけで，彼は主人を責めたのだった。   (ibid.)

　使役構文については2章で提案した分析を前提とするので，ここで要点を確認しておこう。この対立を説明する上で重要なのは，使役動詞と補文の不定詞が統語的に複合動詞を形成するために，対格素性が照合される名詞的要素が一つであるということである。すなわち，(76)，(77)において対格素性を持つ名詞的要素の生起は一つに限られるのである。(76)では，再帰代名詞クリティックの他に格素性を持つ要素は，使役者名詞句と被使役者名詞句である。前者は主格素性をTによって照合されるが，後者は対格素性を持っているはずである。すると，(76)が非文となるのは，再帰代名詞クリティックと被使役者名詞句という二つの要素の対格素性が複合動詞によって同時に照合されることができないためであると説明される。これに対して，(77)において生起する本来的用法の再帰代名詞クリティックは，語彙部門における操作によって動詞と関連付けられる要素と考えられる[31]。すると，統語部門において項としてではなく語彙の一部として動詞の中に組み込まれた形で併合されるので，統語的に独立した要素としてのステイタスを持たず，格素性を持つとは考えられない。したがって，(77)では対格素性を持つ要素が被使役者名詞句のみとなり，適切に格照合が行われるために文法的となるのである[32]。

　これと関連して，他動詞と再帰代名詞クリティックが共起して，いわゆる非対格動詞として機能する構文がある。以下に示される例がこれに対応する。

(78) a. Les nuages se sont dissipés.
　　　　　the clouds   dissipated　　　　　雲が散った。
　　 b. La chandelle s'est éteinte.
　　　　　the candle   went out　　　　　　ろうそくが消えた。

c. L'équipe s'est réunie.
　　　the team gathered　　　　　　　チームが集まった。

Wehrli(1986)が主張するように，非対格用法としての再帰代名詞クリティックは項ではない。他動詞を自動詞に変換する語彙的マーカーとして機能していると考えられる。したがって，動詞との照合という，項である再帰代名詞クリティックに課せられる要求は関与せず，再帰代名詞クリティックは動詞の一部として動詞と一体化して統語部門において導入される。すると，項である場合とは異なり，常に補文の動詞と一体となって生起しなければならないはずである。この予想は，実際に例証される。

(79) a. Le vent a fait se dissiper les nuages.
　　　the wind made SE dissipate the clouds
　　　風が雲を散らせた。
　　b. Le vent a fait s'éteindre la chandelle.
　　　the wind made SE go out the candle
　　　風がろうそくを消した。
　　c. Le chef a fait se réunir l'équipe.
　　　the leader made SE gather the team
　　　リーダーはチームを集合させた。
(80) a. *Le vent s'est fait dissiper les nuages.
　　　the wind SE made dissipate the clouds
　　b. *Le vent s'est fait éteindre la chandelle.
　　　the wind SE made go out the candle
　　c. *Le chef s'est fait réunir l'équipe.
　　　the leader SE made gather the team　　　　(Wehrli 1986)

　このように，再帰受動構文のように格照合されるべき項として生起する再帰代名詞クリティックと，本来的用法や非対格用法として動詞の一部をなす

ものとして生起する再帰代名詞クリティックは，統語構造上のまったく異なるステイタスを有することになる。格照合に関して特殊な統語環境を提供する使役構文におけるこれらの要素のふるまいを観察することによって，両者のステイタスの違いが文法性の差という形で顕在化する。この事実は，二つの再帰代名詞クリティックをまったく異なる統語的性質を持つ要素として分析する本研究の主張を支持するものと言える。

3.4. まとめ

本節では，フランス語の再帰受動構文における再帰代名詞クリティックが，スペイン語・イタリア語と同様に外項としての θ 役割および対格素性を持ち，軽動詞の主要部に併合されるという統語的性質を持つと分析した。また，従来のように再帰受動構文における再帰代名詞クリティックを一括して扱うのではなく，中間用法として用いられる再帰代名詞クリティックと個別事象を表す受身用法としての再帰代名詞クリティックに区別する必要があることを示し，前者は［＋継続］という解釈不能の素性を，後者は［－受影］という素性を持つと分析した。これにより，中間用法の再帰代名詞クリティックが生起する文での時制に関する制約や主語名詞句に関する意味的制約，再帰受動構文が非人称構文の形で用いられる場合には個別事象のみを表すという事実が簡潔に説明された。さらに，再帰受動構文における再帰代名詞クリティックと受動形態素との統語的特性の違いについても言及すると同時に，使役構文の補文として再帰受動構文が生起できないという事実も本節の分析により簡潔に説明されることを示した。

従来の伝統文法においては，中間用法の再帰代名詞クリティックと受動用法の再帰代名詞クリティックの区別はもちろんのこと，受動用法と非対格用法の区別さえも明白に提示されていなかった感がある。本節で議論したように，非対格用法は明らかに語彙部門における他動詞から自動詞への変換の操作が関与しており，語彙部門における操作が一切行われない受動用法とは本質的に異なるものである。伝統文法において両者の区別があまり意識されなかった理由としては，再帰代名詞クリティックが名詞句と同等に単独で項と

しての機能を明らかに果たしている再帰用法や相互用法に比べ，受動用法と非対格用法が項としての機能を持っていないという共通性があるとの言語直観があったためであると考えられる。しかし，言語事実を詳細に観察すると，再帰受動構文における再帰代名詞クリティックは，本来的用法や非対格用法の再帰代名詞クリティックよりは再帰用法や相互用法のそれに近い統語的特性を持っていることが明らかになるのである。

4. 総　括

　本章では，再帰受動構文に関わる様々な現象について受動用法の再帰代名詞クリティックの統語的特性という観点から分析を進めた。ここでの分析に従うと，受動用法の再帰代名詞クリティックが対格素性を持ち，動作主の θ 役割を担う項として軽動詞の主要部に併合されるという特性は，フランス語・スペイン語・イタリア語に共通のものである。言語間に見られる相違点は，意味的な性質を表す形式的素性やそれぞれが生起する統語的環境の特異性によって引き起こされることになる。この中でもフランス語に顕著に見られる受動用法と中間用法の区別はスペイン語・イタリア語にも観察されるものであり，ここでフランス語について提示した意味的素性はこれらの言語にも適用可能なものである。ただ，これらの言語においてはフランス語に観察される受動用法の制約がないので，統語的な議論において言及する必要性が必ずしもなかったためにここでは扱わなかった。フランス語の再帰受動構文に見られる制約は，統語部門において照合される解釈不能な素性とLF以降に照合される解釈可能な素性を設定することによって，簡潔に説明されるのである。

　再帰受動構文は，一方では再帰代名詞を用いる再帰動詞文の中に位置付けられ，他方では同様の機能を持つ受動文と関係付けられるという二重性を有する構文である。その意味で，再帰動詞文，受動文というロマンス語統語論において避けて通ることのできない重要な二つの構文の捉え方に対して大きな示唆を与える構文であると言える。受動文との共通性にのみ着目した従来

の視点では，決してその本質的な特性を見出すことができないことがここでの分析によって示された。

[第3章注]
1 本研究では，英語の"be"動詞に対応するコピュラ動詞と動詞の過去分詞によって形成される構文を受動文と呼ぶ。
2 1章で見たように，再帰動詞文には受動用法の他に複数の用法が存在する。その中に，語彙的に他動詞を非対格動詞に変換する非対格用法がある。非対格用法が可能な動詞の場合，形式上，非対格用法と受動用法とを区別することはできない。このような場合は，主語が動詞に先行する語順では非対格用法の解釈となり，主語が動詞に後続する倒置の語順では受動用法の解釈が優勢となる。
 a. La puerta se abrió.
  the door SE opened   ドアが開いた。
 b. Las luces se encienden a las nueve.
  the lights SE turn on at the nine 明かりは9時につく。
 c. Se abrió la puerta.
  SE opened the door   ドアが開けられた。
 d. Se encienden las luces a las nueve.
  SE turn on the lights at the nine 明かりは9時につけられる。
3 このような例は規範的には誤用とされるものである。したがって以下の議論は，再帰受動構文において動作主の標示を許容する話者による発話についての考察である。
4 主役性とは文において当該要素がどの程度際立つかに関する概念である。詳しくは藤村(1993)を参照されたい。
5 再帰非人称構文の特徴として，動詞は常に3人称単数形となる。再帰非人称構文については，4章で詳しく議論する。
6 (10a)のように直接目的語が定名詞句の場合には，再帰受動構文は不可能である。これに対して直接目的語が定名詞句でも不定名詞句でも，再帰非人称構文は可能である。
 a. Se reclutó a los soldados.
  SE recruited-3sg. (to) the soldiers それらの兵士達が徴集された。
 b. Se reclutó (a) soldados.
  SE recruited-3sg. (to) soldiers
  兵士達が徴集された。   (Mendikoetxea 1999b)
7 スペイン語においては，受動文が用いられる頻度は英語ほど高くない。これは，再帰受動構文や3人称複数形によるいわゆる無主語文が受動文と競合するからである。受動文の使用は動詞のアスペクトその他の要因によって制約を受けるが，受動文そのものの特性を明らかにすることは本研究の目的ではないので，ここでは扱わないこととする。これらの問題について，詳しくはMendikoetxea(1999a)，Butt and Benjamin(2004)などを参照されたい。
8 Bakerでは，受動形態素に目的格が付与されるために，動詞がIまで主要部移動すると分析される。
9 Radford(1997)は，英語の二重目的語構文について，間接目的語の格照合を行う要素(AgrIO)を直接目的語の格照合を行う要素(AgrO)と区別して設定している。この

AgrIO は，本研究における v_D に対応するものと考えられる。
10 前置詞 "a" によって標示される名詞句は，通常の前置詞句と区別するためにここでは DP として表示する。通常の前置詞句においては，名詞句は前置詞によって格照合されると考えられる。なお，(21b)は(9b)の "a" が生起しない文の構造を示している。
11 この点に関しては，1.3.4 で修正を行う。
12 Phase とは統語操作が行われる限界となる領域を定めたものである。定義を以下に示す。
 H の領域は HP の外部における操作には接近不可能である。H とその先端(edge)のみがそのような操作に接近可能である。(p. 13)
統語操作によって Phase を越えて要素を関係付けることを禁ずるのが Phase 不可侵条件である。
13 (30)，(31)の例において，動詞と一致する対象項の名詞句が動詞に後続している。すでに述べたように，このような語順は再帰受動構文において頻繁に見られるものである。本研究ではこのような場合，対象項の名詞句が VP 補部にとどまったままであり，TP 指定部の位置には虚辞の代名詞 pro が生起すると仮定する。この場合，T の EPP 素性は pro によって照合され，主格の照合は Chomsky(2000)において提案されている一致操作によって VP 補部の名詞句となされると考える。再帰受動構文では vP 指定部に要素が併合されないため，非対格動詞の場合と同様に vP が Phase を構成せず，T と VP 補部の名詞句との一致操作が問題なく行われる。
14 再帰代名詞クリティックが動詞に併合される時に，前接するか後接するかは動詞の形態によって決まる。動詞が不定詞・分詞・命令形の場合には後接，それ以外の場合には前接する。その理由については Rowlett(2007)などを参照されたい。
15 再帰代名詞クリティックが定動詞に移動する動機については，4 章で議論する。
16 対格の変異形として，地域・話者によって与格形が用いられることがある。特に，男性単数形の場合には対格形の "lo" よりも以下の a のように与格形の "le" が好んで用いられる地域が多い。しかしこのような場合でも b のように対格形の使用も認められる。
 a. Juan le   llamó.
    to-him called   ホアンは彼を呼んだ。
 b. Juan lo   llamó.
    him called
17 受動形態素は接尾辞としての形態的特性を持っているので，主動詞 V に後続する。
18 v および v_D の持つ有生性および定性に関する照合については，受動形態素が[±有生][±定]のいずれの素性にも対応し得るため適切に照合されると考えられる。
19 (41b)においては，使役動詞 "hicieron" と不定詞 "describir" が統語的複合動詞を形成するために，軽動詞 v_D は一つしか生起しないと分析される。詳しくは藤田(2006)を参照されたい。
20 一つの動詞につき，異なる軽動詞が複数共起することは可能である。直接目的語と間接目的語を同時に項としてとる動詞の場合は，v と v_D が共起することになる。
21 Burzio の一般化とは，i) 外項を持たない動詞は対格を与えることができない，ii) 対格を与えることができない動詞は外項を θ 標示することができない，という動詞の一般的特性を述べたものである。
22 代表的なものとして，3.2 で議論する Zribi-Hertz(1982)，三藤(1996)などが挙げられる。

23 ただし，完了アスペクトの時制であっても，個別事象ではなく，過去の一定期間において繰り返された行為を完了相として捉える場合には可能となる。これらの例も，中間構文であると考えられる。
　　i) Cette racine s'est mangée autrefois.
　　　this root SE is eaten formerly この根はかつて食された。
　　ii) Les cuisses de grenouilles se sont mangées pendant longtemps.
　　　the thighs of frogs SE are eaten for long
　　　カエルのモモは長い間食されてきた。　　　　　　　　(Zribi-Hertz 1982)

24 (59)の例の主語は定冠詞を伴っているため，名詞句全体としては具象性が高いのではないかという疑問が生じるかもしれない。本研究では，再帰受動構文における再帰代名詞クリティックの認可に関与するのは，後に述べるように名詞自体のもつ"受影性"という意味的概念によって決定される具象性であり，限定詞によって決定される名詞句の指示性ではないと考える。

25 (61b, d, f)は話者によっては容認度がかなり落ちる。このような話者の場合，受動形態素が対格素性と強く結びついていると考えられる。

26 ここでは，三藤において提示されている構造を簡略化して示している。

27 外項のθ役割としては典型的には動作主であるが，以下に見られるように経験者の例も見られる。
　　i) La tour Eiffel se voit mieux de loin.
　　　the tower SE sees better from far
　　　エッフェル塔は遠くからの方がよく見える。
　　ii) Ce genre de musique s'entend le matin.
　　　this kind of music SE hears the morning
　　　この手の音楽は朝に聞かれる。　　　　　　　　　　(Zribi-Hertz 1982)

28 本研究で仮定している解釈不能の素性が当該構文以外においてどのように働くのかという問題が提起される。一つの可能性として，本研究において触れることのできなかった受動文における時制に関する制約や動作主の前置詞標示にこの素性が関与していると考えられる。この問題に関しては，他の意味素性との関連性も含めてさらに詳細に検討する必要があり，稿を改めて論じることとしたい。

29 この受影性の素性は絶対的なものではなく，話者によって差が見られる。Zribi-Hertz は以下の例が容認不可能ではないとしている。
　　i) ?Ce document s'est envoyé hier soir.
　　　this document SE is sent yesterday evening
　　　この書類は昨夜送られた。
　　ii) ?Ce sandwich s'est préparé hier soir.
　　　this sandwich SE is prepared yesterday evening
　　　このサンドイッチは昨夜作られた。
　　しかし，上記 i)，ii) を容認不可能ではないとする話者にとっても i)，ii) が完全に容認可能ではないことから，受影性が関与していることは明らかである。

30 [+個体]と[+継続]は関連性があるものの，同じ素性であると考えることはできない。[+継続]であっても[+個体]でない例があるからである。具体的には，以下の非人称構文が該当する。
　　Il se rencontre à Paris des gens de toutes origines.
　　it SE meets in some people of all origins

パリではあらゆる地域の出身の人々に出会う。　　　　　　　　（Zribi-Hertz 1982）
31　ここで本来的用法と呼んでいるものは語彙化されている度合の高いものであり，非対格用法は含まない。
32　再帰用法・相互用法の再帰代名詞クリティックは使役構文の補文に生起することが可能である。この分析については，2章を参照されたい。

第4章　非人称用法の再帰代名詞クリティック

　本章では，再帰代名詞クリティックの機能の中で，伝統文法において非人称用法と呼ばれてきたものについて考察する。伝統文法においては，再帰代名詞クリティックと共に用いられる動詞を再帰動詞と呼び，再帰動詞が用いられる文は単一の構文として捉えられる場合が多い。しかし，前章までの議論で明らかなように，再帰代名詞クリティックは一つの要素として括ることが難しい多様性を示し，再帰代名詞クリティックが用いられる文を再帰動詞構文として統一的に扱うことは妥当な分析方法であるとは思われない。本章でも，再帰代名詞クリティックを用いる構文が単一の構文ではなく，それぞれの機能に対応した文が異なった統語構造を有すると考える立場に立ち，非人称的に用いられる再帰動詞文を再帰非人称構文と呼ぶこととする。
　再帰動詞文の他の諸構文と異なり，再帰非人称構文はフランス語には観察されないという特徴を持つ。本章ではまず，再帰非人称構文に見られる一般的特質が最もよく現れていると言え，先行研究の分析も進んでいるイタリア語の例を詳細に検討する。次に，スペイン語における再帰非人称構文の特質に触れ，最後にフランス語において当該構文が観察されない理由について考察を進める。

1. イタリア語における再帰非人称構文

　本節では，イタリア語における再帰非人称構文の統語的特徴を，再帰動詞文の他の構文と比較する形で当該構文における再帰代名詞クリティックの統

語的特性を明らかにするとともに，それらの現象を簡潔に説明することを目指す。

1.1. 統語的特徴

まず，分析の対象となるイタリア語の再帰非人称構文の統語的特徴を概観する。当該構文においてまず特徴的と言えるのは，動詞が常に3人称単数形で標示されるという点である。再帰非人称構文において用いられる再帰代名詞クリティックが伝統文法において非人称主語代名詞と呼ばれるのは，動詞がこの要素と形態的に一致しているとみなされたためであろう。

(1) a. Si pensa già di farne una nuova edizione.
　　　SE thinks already of make-of-it a new edition
　　　その新版を作ることがすでに考えられている。
　b. *Si pensano già di farne una nuova edizione.
　　　SE think already of make-of-it a new edition
　c. Si viene spesso dimenticati.
　　　SE comes often forgotten
　　　人は忘れられることがしばしばある。
　d. *Si vengono spesso dimenticati.
　　　SE come often forgotten 　　　　　(Renzi et al. 2001)

再帰非人称構文は，様々な動詞について用いられる。(2a)に示される非能格動詞，(2b)の非対格動詞の他に，(2c)の繰り上げ動詞や(2d)の他動詞の受動形も含まれる。

(2) a. Gli si telefona spesso.
　　　　to-him SE telephones often 　　　彼にはよく電話がある。
　b. Si è arrivati stamattina.
　　　　SE is arrived this morning 　　　（我々は）今朝到着した。

    c. Si stava per vincere.
       SE was for win　　　　　　（我々は）勝利を収めようとしていた。
    d. Si è stati invitati.
       SE is been invited　　　　　（我々は）招待された。　　　(Burzio 1986)

能動態の他動詞についても可能であるが，直接目的語が単数形であったり節である場合には再帰受動構文と形式的に区別できない。

(3) a. Si può perdere anche mezza mattinata per il traffico intorno a
      SE can lose also half morning for the traffic around
    Central Park.
    セントラルパーク付近の渋滞で午前中の半分を無駄にしてしまうこともある。
   b. Si dice che sia il miglior cacciatore della zona.
      SE says that is the best hunter of-the area
    彼はその地域で最も優れた猟師であると言われている。

(Maiden and Robustelli 2000)

これに対して，形式的に両構文が明確に区別される場合もある。まず，直接目的語が複数形である場合，動詞が3人称単数形であれば再帰非人称構文，3人称複数形であれば再帰受動構文である。つまり，再帰受動構文では直接目的語が統語的な主語としてのステイタスを持つことになる[1]。

(4) a. Si vendono schede telefoniche.
      SE sell cards telephone
    テレホンカードが売られている。
   b. In America si fanno follie per l'aceto balsamico.
      in SE do mad things for the vinegar balsamic
    アメリカではバルサミコ酢が熱狂的な人気である。

c. Si　noleggiano biciclette.
　　　　SE　hire　　　bicycles　　　　　自転車が貸し出されている。
(5) a. Si　vende schede telefoniche.
　　　　SE sells　cards　telephone
　　　　テレホンカードが売られている。
　　b. In America si　fa　　follie　　per l'aceto　　balsamico.
　　　　in　　　　SE does mad things for the vinegar balsamic
　　　　アメリカではバルサミコ酢が熱狂的な人気である。
　　c. Si　noleggia biciclette.
　　　　SE　hires　　bicycles
　　　　自転車が貸し出されている。　　　　　　　　　　　　(ibid.)

また，再帰非人称構文では直接目的語が動詞に先行することはないのに対して，再帰受動構文では対応する要素が主語なので動詞に先行することも可能である。

(6) a.　Si　mangia le　mele.
　　　　　SE eats　　the apples　　　　リンゴが食べられる。
　　b.　*Le mele　si　mangia.
　　　　the apples SE eats
(7) a.　Si　mangiano le　mele.
　　　　　SE eat　　　the apples　　　　リンゴが食べられる。
　　b.　Le mele　si　mangiano.
　　　　the apples SE eat　　　　　　　　　　　　　(Renzi et al. 2001)

さらに，複合時制の場合には，両構文は過去分詞の性・数一致によっても区別される。再帰非人称構文では過去分詞が一致せず，無標の形式である男性単数形で標示される。これに対して，再帰受動構文では統語的主語と過去分詞が形態的に性・数一致する。

(8) a. Si è fatto follie per l'aceto balsamico.
　　　SE is done-m.sg. mad things-f.pl. for the vinegar balsamic
　　　バルサミコ酢が熱狂的な人気だった。
　b. Si è tagliato la torta.
　　　SE is cut-m.sg. the cake-f.sg.　　ケーキが切られた。

(9) a. Si sono fatte follie per l'aceto balsamico.
　　　SE are done-f.pl. mad things-f.pl. for the vinegar balsamic
　　　バルサミコ酢が熱狂的な人気だった。
　b. Si è tagliata la torta.
　　　SE is cut-f.sg. the cake-f.sg.
　　　ケーキが切られた。　　　　　　　　(Maiden and Robustelli 2000)

再帰非人称構文において他動詞が用いられる場合には，直接目的語を人称代名詞クリティックにすることによって，再帰代名詞クリティックと人称代名詞クリティックが共起することがある[2]。

(10) a. La si è tagliata.
　　　　it SE is cut　　　　　　　　それが切られた。
　b. Le si vende.
　　　　them SE sells　　　　　　それらが売られている。　(ibid.)

　再帰非人称構文に見られる統語的特徴として，法動詞が用いられる場合，再帰代名詞クリティックは法動詞に接語化されねばならない。

(11) a. Si può mangiare bene.
　　　　SE can eat well　　　　　　おいしく食べられる。
　b. *Può mangiarsi bene.
　　　　can eat-SE well　　　　　　　　　　　(Renzi et al. 2001)

非人称としての機能を持つ再帰代名詞クリティックと他の機能を持つ再帰代名詞クリティックとの共起も可能だが，この場合には"si si"という音声連続を避けるため異形態"ci"が用いられる。

(12) a. Ci si lava.
     　　SE SE washes　　　　　　自分の身体を洗う。
   b. Ci si trova in difficoltà.
     　　SE SE finds in difficulty　困難な状況にある。
   c. *Si si lava.
     　　SE SE washes
   d. *Si si trova in difficoltà.
     　　SE SE finds in difficulty　　　　(Maiden and Robustelli 2000)

再帰非人称構文において特に留意すべきなのは，一致現象である。コピュラ動詞が用いられ属詞として形容詞が生起する場合，コピュラ動詞は3人称単数形で標示されるが，形容詞は男性複数形で標示される。

(13) a. Quando si è allegri, è più facile affrontare la vita.
     　　when SE is cheerful-m.pl. is more easy face up to the life
     　　陽気な時の方が人生に立ち向かいやすい。
   b. Se non si è dormito bene, è normale sentirsi stanchi e
     　　if not SE is slept well is normal feel tired-m.pl. and
     　　un po' depressi.[3]
     　　a bit depressed-m.pl.
     　　よく眠れなかったら，疲れて少し気持ちが落ち込んでいるように感じるのも当然だ。　　　　　　　　　　　　　　　　(ibid.)

再帰非人称構文の複合時制において助動詞は専ら"essere"が用いられる。この場合，もともと"essere"を選択する非対格動詞では過去分詞が男性複

数形で標示されるのに対して，本来は"avere"を選択するはずの非能格動詞では無標の男性単数形で標示される。

(14) a.　　Non sono mai riusciti　　a forzare il　ritmo
　　　　　(they) not　are　ever succeeded-m.pl. in force　the pace
　　　　storico　della　società italiana.
　　　　historical of-the society Italian
　　　　イタリア社会の歴史的なリズムを速めることは決してできなかった。
　　b. Non si è mai riusciti　　a forzare il　ritmo storico
　　　　not SE is ever succeeded-m.pl. in force　the pace　historical
　　　　della　società italiana.
　　　　of-the society Italian

(15) a.　　In passato hanno viaggiato　　più　in macchina
　　　　(they) in past　have　travelled-m.sg. more in car
　　　　che　in aereo.
　　　　than in plane　　かつては飛行機よりも車で旅行した。
　　b. In passato si è viaggiato　　più　in macchina che　in aereo.
　　　　in past　SE is travelled-m.sg. more in car　　than in plane
　　　　　　　　　　　　　　　　　　　　　　　　　　　　　(ibid.)

他動詞の場合，直接目的語が名詞句か人称代名詞かで過去分詞の標示が異なる。前者の場合にはすでに見たように無標の男性単数形で標示されるのに対し，後者の場合には直接目的語人称代名詞の性・数に形態的に一致する。

(16) a. Le　si è comprate.
　　　　them-f. SE is bought-f.pl.　　それらは買われた。
　　b. La si è vista.
　　　　it-f. SE is seen-f.sg.　　それは見られた。　　(ibid.)

この事実は再帰動詞に限られたものではなく，他動詞文において直接目的語が代名詞として動詞に先行する場合に過去分詞と一致するという一般的特性によるものである。

(17) a. Le ho comprate.
 　　　　 (I) them-f. have bought-f.pl. 　　　私はそれらを買った。
 　　b. L'ho vista.[4]
 　　　　 (I) it-f. have seen-f.sg. 　　　私はそれを見た。

つまり，再帰非人称構文として他動詞が用いられた場合には，他動詞文の統語的特性が保持されるということが言える。

1.2. 先行研究

ここでは，イタリア語の再帰非人称構文を扱った代表的研究として，Burzio(1986)とCinque(1995)を概観し，その問題点を指摘する。

1.2.1. Burzio

3章で述べたように，Burzioはイタリア語における再帰動詞文を生成文法の枠組みで体系的に分析した最初の研究である。再帰非人称構文に関しても，再帰受動構文と関連させながら分析している。Burzioは，再帰非人称構文における再帰代名詞クリティックがθ役割と主格を付与される項であると主張する。再帰非人称構文が受動文・非対格動詞・繰り上げ動詞でも可能なことから，再帰代名詞クリティックはIP指定部やVの補部に基底生成され，移動により動詞に接語化すると分析する。θ役割を担う項である根拠として，動詞の主語が受けるべきθ役割を担う要素を明示的に表すと非文となるという事実を挙げる。

(18) *La gente si leggerà.
 　　　 the people SE will-read

主格を付与されている根拠として，不定詞に接語化できない事実を指摘する。

(19) a.　*È necessario telefonarsi a Giovanni.
　　　　(it) is necessary　phone-SE　to
　　b. *Si è detto quelle cose senza pensarsi.
　　　　SE is said　these　things without think-SE

　また，複合時制における過去分詞の性・数一致に関しては，目的語の位置からの移動がある場合に過去分詞の一致規則が適用されると主張する。これにより，非対格動詞と非能格動詞の対立が説明される。定動詞の人称が常に3人称単数である点については，再帰非人称構文の再帰代名詞クリティックは性・数に関する素性は持っているが，人称に関する素性は持っていないために定動詞との一致が生じないとする。この場合，無標の値である3人称単数で定動詞が標示される。

　Burzio の分析は，当時用いられていた枠組みの中で最大限の一般化を試みた極めて優れた研究であると言える。特に，再帰代名詞クリティックの θ 役割と抽象格に関する分析は極めて明快で，基本的に本研究も採用することとなるものである。しかし，この分析で問題となるのは，複合時制における過去分詞の性・数一致現象の説明である。過去分詞の一致規則が理論的にどのような意味を持つのかが不明であることに加え，定動詞が何の要素とも一致せずに形態的に実現されるという主張も説得力を欠くものである。この事実を理論的に説明するには，再帰代名詞クリティックのさらなる特徴付けを行うと同時に再帰非人称構文の構造を再考する必要がある。

1.2.2. Cinque

　Cinque についても3章で取り上げたが，イタリア語の再帰動詞文について原理とパラメータのアプローチの枠組みを用いて分析した優れた研究である。ここでは本研究の対象とする再帰非人称構文に限ってその主張を概観する。

Cinqueにおいて最も特徴的な主張は，再帰代名詞クリティックに[±項]というパラメータを設定し，イタリア語においてはいずれの値をとることも可能であるとする点である。さらに，項である再帰代名詞クリティックは義務的に外項として θ 役割に関係付けられると提案する。これにより，特定の環境において再帰代名詞クリティックが非定形動詞に接語化する場合，他動詞と非能格動詞の場合には可能であるのに対し，それ以外の動詞では不可能であるという事実が説明される[5]。

(20) a. Ritengo non essersi ancora scoperto il vero colpevole.
 (I) believe not be-SE yet discovered the true culprit
 真犯人はまだ分かっていないと私は思う。
 b. Ritengo non essersi provveduto alle sue necessità con la
 (I) believe not be-SE taken care to-the his needs with the
 dovuta solerzia.
 due zeal
 彼の必要性に対して十分な熱意を持って対応していないと私は思う。
 c. *Ritengo non essersi arrivati in sufficiente anticipo.
 (I) believe not be-SE arrived in sufficiently ahead of time
 d. *Ritengo essersi preoccupato solo un genitore.
 (I) believe be-SE worried only one parent
 e. *Ritengo non essersi stati trattati col dovuto rispetto.
 (I) believe not be-SE been treated with-the due respect

文法的な(20a, b)の構造については，再帰代名詞クリティックが I に基底生成され，IP 指定部の位置には φ 素性を持たない虚辞の pro が生成されると提案する。この pro と再帰代名詞クリティックが大連鎖(CHAIN)を形成し，この大連鎖に I により主格が付与されることで格フィルターが満たされると説明する。

これに対して，1.1で観察したように，再帰代名詞クリティックが定動詞

に接語化する場合にはこのような動詞の制約は課されない。Cinque はこの場合には再帰代名詞クリティックが項としてのステイタスを持たず，θ 役割と結び付けられないと主張する。項である場合と同様に再帰代名詞クリティックは I に基底生成され，IP 指定部には項としての pro が基底生成もしくは移動によって生起する。この pro は単独では φ 素性が同定されないので，再帰代名詞クリティックが付加している I の AGR と一致することによって再帰代名詞クリティックの持つ[＋男性,＋複数]という φ 素性と同定され，認可される。再帰代名詞クリティックは pro と大連鎖を形成するので，項である場合と同様に格フィルターが満たされる。

Cinque の分析は確かに再帰非人称構文に関する広範囲の現象を説明することができるが，再帰代名詞クリティックの持つ抽象格が何であるかを指定していないために，法動詞によって選択される不定詞に外項としての θ 役割を持つ再帰代名詞クリティックが接語化できないという例を説明することが困難となる。

(11) a. Si può mangiare bene.
    SE can eat   well
  b. *Può mangiarsi bene.
    can eat-SE   well

Cinque は，再帰代名詞クリティックの不定詞への接語化がまったく認められない統語的環境は，以下のように PRO が生起するコントロール構文であるとしている。

(21)   *Sarebbe meglio lavorarsi un po' di più.
    (it) would-be better work-SE a bit of more

しかし，(11)の法動詞は英語の法助動詞に対応するもので，Burzio が指摘するように繰り上げ動詞であり，コントロール補文を選択することを示す事

実は存在しない。(11)の事実は，Burzio が主張するように再帰代名詞クリティックを主格という特定の抽象格と関係付けることによってはじめて説明可能となるのである。

また，項である再帰代名詞クリティックと項でない再帰代名詞クリティックを設定するという分析も理論的に疑問視されるものであると言えよう。そもそもこのような区別が必要となるのは，再帰代名詞クリティックに対して外項としての θ 役割が結び付けられるという前提のためである。ある項が特定の θ 役割としか関係付けられないという考え方は説得力に欠けるものである。項であるならば，それが生起する位置によって θ 役割がはじめて決定されるのであって，語彙的特性として予め指定されるというのは不自然である。以下の議論では，再帰代名詞クリティックが主格と結び付けられるという観点から分析を進めることによって，再帰代名詞クリティックの複雑な分布が説明できることを示していく。

1.3. 再帰非人称構文の統語構造

再帰非人称構文の統語構造を考察する上で重要となるのは，再帰代名詞クリティックの統語的位置付けである。具体的には，再帰代名詞クリティックが構造上どの位置に併合されるか，θ 役割を付与されるのか否か，どのような抽象格に関係付けられるのかという視点が設定できる。以下ではまずこの問題に解決を与えることから議論をはじめ，それに基づいて複合時制における過去分詞の性・数一致の問題を取り上げ，最後に不定詞節における再帰代名詞クリティックの分布を考察する。

1.3.1. 再帰代名詞クリティックの統語的特性

再帰非人称構文の統語構造を考察する上で本研究が土台としたい分析は Burzio である。Burzio は非人称構文における再帰代名詞クリティックは主語としての θ 役割と主格を付与されると分析している。この分析は，再帰非人称構文において動詞の主語が受けるべき θ 役割を担う要素が明示的に表すことができないという事実と，主格が付与されない不定詞節において生

起できないという事実を説明する。

(18) *La gente si leggerà.
    the people SE will-read
(19) a. *È necessario telefonarsi a Giovanni.
    (it) is necessary phone-SE to
(22) *Ho visto ballarsi freneticamente.
    (I) have seen dance-SE frenetically　　　　　　（Manzini 1986）

この二つの事実を特別な仮定なしに説明するには，Burzio による分析の精神を最小主義プログラムの枠組みに取り入れ，再帰非人称構文における再帰代名詞クリティックが以下のような統語的特性を持っていると仮定するのが妥当である。

(23) 再帰非人称構文の再帰代名詞クリティックは，項として θ 役割を担い，主格素性を持つ[6]。

再帰受動構文と異なる点は，再帰代名詞クリティックの担う格の種類である。また，すでに見たように再帰非人称構文は非対格動詞や受動文でも可能であるので，再帰代名詞クリティックが担う θ 役割は外項とは限らないことになり，この点も再帰受動構文との相違点である。この仮定は，以下の二点において Cinque の主張と異なっている。第一点は，Cinque は非人称代名詞が項である場合と項ではない場合があるとしているのに対し，本研究では常に項であるとする点である。もう一点は，Cinque は項としての再帰代名詞クリティックが常に外項の θ 役割を付与されるとしているのに対し，本研究では外項以外の θ 役割を担うこともできるとする点である。

　次に，再帰代名詞クリティックがどの位置に併合されるかという問題であるが，Burzio はこの要素が主語や目的語の位置に項として基底生成され，動詞の位置に移動すると提案した。Burzio の分析は初期の GB 理論に従っ

ているために，主語の位置とは IP 指定部を指す。これは VP 内主語仮説と動詞句分離仮説に基づく現在の枠組みでは vP 指定部ということになる。本研究はこの点に関しても Burzio の分析を採用する。

(24) 再帰非人称構文の再帰代名詞クリティックは A 位置に併合される。

この点で，再帰代名詞クリティックが軽動詞の主要部に併合される再帰受動構文と異なる。以上の仮定に従うと，再帰代名詞クリティックは A 位置に併合された後に v が移動した T の位置に移動することになる。この移動の動機は，動詞要素に形態的に付加するというクリティックとしての特性を再帰代名詞が持つためであると考えられる。

ここで，T の EPP 素性がどのように照合されるかという理論的問題を考察する必要がある。通常の文においては，T の EPP 素性は主格素性の照合のために TP 指定部に移動した名詞句に対して照合されるが，再帰非人称構文では主格素性を持つ再帰代名詞クリティックが T 主要部に位置している。このため，再帰代名詞クリティック以外の要素が EPP 素性の照合の対象となると考えることができる[7]。本研究では，TP 指定部に虚辞の pro が併合されることによって T の EPP 素性が照合されると考える[8]。以上の仮定に従うと，再帰非人称構文の統語構造は次のようになる。

(5) a. Si vende schede telefoniche.
  SE sells cards telephone

(25)
```
            TP
           /  \
         pro   T'
              /  \
             T    vP
           /  \   / \
         SEᵢ   T tᵢ  v'
              / \   / \
            vⱼ   T tⱼ  VP
           /  \      / \
          Vₖ   v    tₖ  DP
          |            /\
         vende    schede telefoniche
```

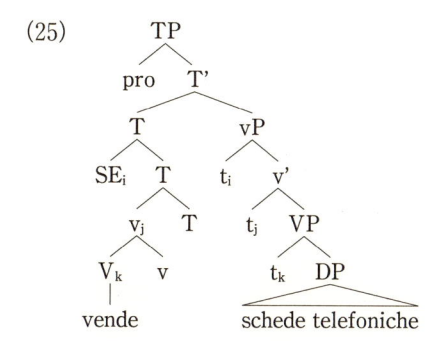

　この構造において，主格素性は再帰代名詞クリティックと照合される。照合において問題となるもう一つの現象は，再帰非人称構文において動詞が3人称単数形で標示されるという事実である。

(1) a. Si pensa già di farne una nuova edizione.
　　　SE thinks already of make-of-it a new edition
　　b. *Si pensano già di farne una nuova edizione.
　　　SE think already of make-of-it a new edition

　この問題も，(25) の構造を仮定すれば容易に解決される。定動詞の人称に関する ϕ 素性に関してTと照合されるのは虚辞の pro である。虚辞の要素が3人称単数としての ϕ 素性を有しているのは，再帰代名詞クリティックを用いない非人称構文における動詞が3人称単数で標示される点から明らかである。

(26) a.　È divertente essere qui con voi.
　　　　(it) is fun be here with you
　　　　あなた方とここにいられるのは楽しいことです。
　　b. Oggi fa bel tempo.
　　　　today (it) makes good weather　今日はいい天気だ。

コピュラ文において再帰代名詞クリティックが形容詞と一致する場合，男性複数で標示されるという，一見奇妙な現象も簡潔に説明される。

(13) a. Quando si è allegri, è più facile affrontare la vita.
　　　　when　　SE is cheerful-m.pl. is more easy　face up to the life

動詞が3人称単数で標示されるのに対して形容詞が男性複数で標示されるのは，それぞれの要素が一致する対象が異なっているためである。動詞，より厳密にはT主要部が一致するのは虚辞のpro であり，形容詞が一致するのは男性複数という ϕ 素性を持つ再帰代名詞クリティックなのである[9]。このように考えると，概念的な矛盾を生じさせることなく(1)と(13)の事実が説明される。Burzioは再帰非人称構文においては無標の形式として3人称単数が標示されると主張しているが，素性照合という観点からは理論的に採用しがたい分析であろう。本研究のように再帰代名詞クリティックの ϕ 素性を指定すれば，理論的に不自然な仮定をすることなく一致に関する事実を説明できるのである。

1.3.2. 再帰代名詞クリティックの主格素性の照合

　再帰非人称構文で解決しなければならないのは，次のように不定詞節内に再帰代名詞クリティックが生起できない事実をどのように説明するかという問題である。

(11) b. *Può mangiarsi bene.
　　　　can eat-SE　　well

イタリア語においては，主格の照合が移動ではなく一致操作によっても可能であることを示す事実がある。以下の自由倒置構文である。

(27) a. Ha telefonato una ragazza a tuo fratello.
    phoned   a   girl   to your brother
    君のお兄さんに女の子が電話をかけてきたよ。
   b. L'ha letto mio fratello.
    it   read my brother
    僕の兄がそれを読んだ。　　　　　　　　(Renzi et al. 2001)

このような文では，主語名詞句がvP内にとどまり，Tとの一致操作によって主格が照合されていると考えられる。TのEPP素性は，虚辞のproによって照合されることになる[10]。すると，(11b)においても再帰代名詞クリティックが不定詞節内にとどまり，主節のTとの一致操作によって主格が照合されるという方法がなぜ不可能なのであろうか。本研究では，再帰代名詞クリティックの主格素性は，通常の名詞句のそれとは異なり，強い素性であるので一致操作ではなく移動によって照合されねばならないという性質を持っているためであると考えたい。これは，再帰代名詞クリティックが，他の弱形人称代名詞と同様にクリティックとしての形態的性質を持っていることによると説明できる。次の事実に示されるように，目的語人称代名詞は非再帰形であっても対格や与格が照合される動詞に接語化しなければならないという特徴を示す。

(28) a.   Lo ho visto.
      (I) it saw　　　　　　　　私はそれを見た。
   b.   *Ho visto lo.
      (I) saw   it
   c.   Gli   telefonerò.
      (I) to-him will-phone　　　私は彼に電話する。
   d.   *Telefonerò gli.
      (I) will-phone to-him

つまり，非人称用法の再帰代名詞クリティックが主節の動詞に接語化しなければならないという事実は，この要素が主格素性を持っているということを明確に示しているのである。

この事実に関連して，非人称用法の再帰代名詞クリティックが他の人称代名詞クリティックとはまったく異なる格素性を持っていることをはっきりと示す事実がある。法動詞が不定詞をとる構文において不定詞の項である代名詞は，不定詞に後接する語順と定動詞である法動詞に前接する語順の二通りが可能である。しかしこの語順にはある制約が課される。不定詞が複数の項をとり，いずれの項も人称代名詞クリティックとして生起する場合には，両者が同じ動詞に接語化しなければならない。

(29) a.　　Devo mandarglielo.
　　　　　(I) must send-to-him-it　　　　私はそれを彼に送らねばならない。
　　b.　　Glielo　devo mandare.
　　　　　(I) to-him-it must send
　　c.　　*Gli　devo mandarlo.
　　　　　(I) to-him must send-it　　　　　　(Maiden and Robustelli 2000)

これに対して，非人称用法の再帰代名詞クリティックは非再帰形代名詞クリティックと離れて別の動詞に接語化することが可能なのである[11]。

(30) a. Frutta e　　verdura? Si dovrebbe mangiarne tutti i　giorni.
　　　　fruit and vegetable SE should　eat-some　all　the days
　　　　果物と野菜？　それは毎日食べなければいけないよ。
　　b. Se ne　dovrebbe mangiare tutti i　giorni.
　　　　SE some should　eat　all　the days
　　　　それは毎日食べなければいけない。
　　c. Non si　voleva　mandartelo.
　　　　not SE wanted send-to-you-it

君にそれを送りたくはなかったんだ。
d. Non te   lo si voleva mandare.
   not to-you it SE wanted send
   君にそれを送りたくはなかったんだ。   (ibid.)

この事実は，再帰代名詞クリティックを他の代名詞クリティックと統語的に区別する必要を示している。本研究の分析では，その区別は格素性であるということになる。上記の例における目的語代名詞クリティックはいずれも同じ動詞の軽動詞によって格素性を照合される。格素性は同じ格素性を持つ軽動詞に付加することによって照合されるはずなので，代名詞クリティックは不定詞に接語化することでその形態的特性は満たされるはずである。すると，定動詞である法動詞に接語化する移動は，格照合とは別の動機付けによるものである。その動機付けがどのようなものであれ，不定詞に接語化している複数の代名詞のうち一部のみを引きつける移動はあり得ないはずである[12]。このため(29c)は非文となるのである。これに対して，(30a, c)が文法的であるということは，再帰代名詞クリティックの格照合に不定詞がまったく関与していないということを示している。そうであるならば，唯一可能な格照合は主節のTによる照合ということになり，非人称用法の再帰代名詞クリティックの持つ格素性として主格素性以外の理論的可能性が完全に排除されるのである。

　非人称用法の再帰代名詞クリティックが主格素性を持っていることを示す事実がもう一つ存在する。他動詞の再帰非人称構文においては直接目的語が動詞に先行することが不可能であるというものである。

(6) b. *Le mele si mangia.
      the apples SE eats

イタリア語ではVP内の名詞句が動詞に先行することは，その名詞句がTP指定部に移動していることを意味する。以下のように，動詞に先行するTP

指定部以外の位置に要素が生起する場合には，その要素に対応する人称代名詞の生起が義務的であるからである．

(31) a. Questa rivista, *(la) compra il nonno.
　　　this　　magazine　it　buys　the grandfather
　　　この雑誌はおじいさんが買っている．
　　b. Due panini, *(li)　porto io.
　　　two rolls　　them bring I
　　　パニーニ二つは僕が持っていく．　　　　　　(Renzi et al. 2001)

さらに，TP指定部に位置する要素はTとのϕ素性の照合がなされるため，動詞との一致が義務的になる．このために，(6b)のように名詞句が動詞に先行するにも関わらず動詞と一致していない文は非文になると説明される．

1.3.3. 過去分詞の形態的一致

　ここまでは単純時制における構造を考えたが，イタリア語では複合時制において興味深い現象が見られる．3章でも考察した過去分詞の性・数一致である．イタリア語では，助動詞に"essere"が用いられる場合には，基本的に過去分詞は何らかの要素と性・数一致しなければならず，再帰代名詞が生起する文もこれに該当する．しかし，再帰非人称構文においては若干事情が異なる．動詞が非対格動詞の場合には過去分詞が男性複数形で一致するのに対し，非能格動詞や他動詞の場合には過去分詞の性・数一致が行われず，無標の男性単数形で現れるのである．

(32) a. Si　è　arrivati.
　　　SE is arrived-m.pl.　　　　　到着した．
　　b. Si　è　dormito　bene.
　　　SE is slept-m.sg. well　　　　よく眠った．

c. Si è tagliato la torta.
     SE is cut-m.sg. the cake
     ケーキが切られた。　　　　　　　　　　（Maiden and Robustelli 2000）

これは，再帰代名詞が生起しない文における助動詞の選択と密接な関係がある。非対格動詞は本来，助動詞として"essere"を選択し，過去分詞の性・数一致が行われる。これに対して，非能格動詞や他動詞は本来，助動詞として"avere"を選択し，過去分詞の性・数一致が行われないのである。

(33) a.　　Sono arrivati.
　　　　　　(they) are arrived-m.pl.　　　　彼らは到着した。
　　 b.　　Hanno dormito bene.
　　　　　　(they) have slept-m.sg. well　　彼らはよく眠った。
　　 c.　　Hanno tagliato la torta.
　　　　　　(they) have cut-m.sg. the cake　彼らはケーキを切った。

この事実は，非対格動詞と非能格動詞・他動詞とで過去分詞としての性質が異なっていることを示している。すなわち，理論的には前者の過去分詞は性・数の ϕ 素性を持っているのに対し，後者の過去分詞は ϕ 素性を持たないということである。この違いは何によって引き起こされるのだろうか。

　本研究では，vP指定部における外項の有無がこの違いを引き起こしていると考えたい。vP指定部に外項が生起するということは，理論的にはChomsky(2001)におけるPhaseを構成するということを意味する。これは，一つの事態に対応する完結した命題であることを意味する。このような命題のvは事態の中心をなす広義の動作性を持つため動詞的であり，性・数といった名詞的な素性を持たないと考えることができる。これに対して，外項を持たない命題は事態としては完結しておらず，動作性が低くなる。すると過去分詞の動詞性も低くなり，過去分詞としてのもう一つの性質である形容詞性が高くなる。具体的には，動作そのものではなく，動作の結果としての

状態を示す完了形容詞としての性質を強く帯びることとなる。形容詞的な性質の一つとして，性・数という ϕ 素性を担うと考えれば，非対格動詞の過去分詞が性・数一致するという事実を捉えることができる。この ϕ 素性は名詞が本来固有に持つものなので，当然ながら解釈不能な素性である。この形容詞的過去分詞とは，3章の再帰受動構文の分析で提案した v_A である。この v_A の ϕ 素性が名詞句と照合されることで，性・数の形態的一致が顕在化されるのである。

以上の考察をもとに，再帰非人称構文における過去分詞の一致のメカニズムを考えよう。当該構文において v_A の ϕ 素性が照合されるのは再帰代名詞クリティックである。再帰代名詞クリティックはクリティックとしての形態的特性を満たすため，V に編入する。V は v_A に移動するが，この際に v_A の ϕ 素性が再帰代名詞クリティックに対して照合される。再帰代名詞クリティックは男性複数の ϕ 素性を持っているので，過去分詞は男性複数で具現化される。この照合がなされた後，再帰代名詞クリティックは自身の主格素性の照合のため，更に T へと excorporate する[13]。この派生は以下のように示される。

(32) a. Si è arrivati.
   SE is arrived-m.pl.

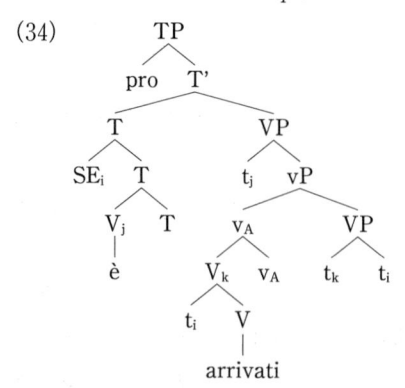

(34)
```
            TP
           /  \
         pro   T'
              /  \
             T    VP
            / \   / \
          SEᵢ  T tⱼ  vP
              / \    / \
             Vⱼ  T  vA  VP
             |     / \   / \
             è   Vₖ vA  tₖ  tᵢ
                 / \
                tᵢ  V
                    |
                 arrivati
```

一方，非能格動詞や他動詞の場合には過去分詞が ϕ 素性を持たないために，単純時制の場合と同じ派生となる。

(32) b. Si è dormito bene.
　　　SE is slept-m.sg. well

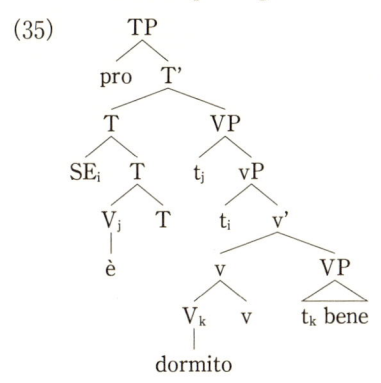

(35)
```
         TP
        /  \
      pro   T'
           /  \
          T    VP
         / \    \
       SEᵢ  T    vP
           / \   / \
          Vⱼ  T tᵢ  v'
          |      / \
          è     v   VP
               /\   /\
              Vₖ v tₖ bene
              |
            dormito
```

このように考えると，再帰非人称構文における複合時制の助動詞の選択は，動詞の特性によるものではなく，再帰代名詞クリティックの存在という統語的レベルにおいて決定されるということが分かる。この助動詞"essere"の選択に関して，示唆的な事実がある。再帰非人称構文において，法動詞が複合形の不定詞を選択する例である。この例において，不定詞の動詞が本来"avere"を選択する動詞である場合には，複合形不定詞における助動詞として"avere"が選択されねばならず，"essere"の選択が許されないのである。

(36) a. A questa età, si deve avere fatto certe esperienze.
　　　 at this age SE must have made certain experiences
　　　 この年齢ならば何らかの経験をしているはずだ。
　　b. *A questa età, si deve essere fatto certe esperienze.
　　　 at this age SE must be made certain experiences

(Renzi et al. 2001)

この事実は，再帰代名詞クリティックが生起すれば必ず複合形の助動詞として"essere"が選択されるというわけではないことを示している。この例において重要なのは，再帰代名詞クリティックが統語的に複合しているのが複合形の不定詞ではなく法動詞であるという点である。したがって，本来"avere"を選択する動詞に関して，再帰非人称構文の複合形において"essere"が助動詞として選択されるのは，再帰代名詞クリティックが助動詞に統語的に複合している場合であるということになる。

本来，複合時制の助動詞の選択は動詞そのものの語彙的性質によって決定されるものである。本研究の分析では，この選択関係は助動詞"essere"と形容詞的過去分詞 v_A の間に成立することになる。これは，イタリア語において形容詞が述語として機能するためにコピュラ動詞である"essere"を必要とする事実と関係付けられる。他方，動詞的過去分詞 v は動作が行われるという事態に対応するために，複合時制においてはその事態が主語によって所有されるという意味において助動詞"avere"を選択すると考えられる。本来"avere"を助動詞として選択する動詞が再帰代名詞クリティックとの共起によって"essere"を選択するのは，非人称用法の再帰代名詞クリティック(さらには再帰代名詞クリティック一般)と"avere"が統語的に複合した場合に"avere"を"essere"に変更する形態規則が存在するためであると考えることができる。この形態規則は PF において適用される規則なので，過去分詞は v のままであり，性・数に関する形態的一致は見られないのである[14]。

1.3.4. 不定詞節に生起する再帰代名詞クリティック

次に，Cinque が指摘する，不定詞節に生起する再帰代名詞クリティックに関わる制約について考察を加える。不定詞節に生起する再帰代名詞クリティックは，外項の θ 役割を担う場合にのみ文法的となる。

(20) a. Ritengo non essersi ancora scoperto il vero colpevole.
　　　　(I) believe not be-SE yet discovered the true culprit
　　b. Ritengo non essersi provveduto alle sue necessità con la
　　　　(I) believe not be-SE taken care to-the his needs with the
　　　　dovuta solerzia.
　　　　due zeal
　　c. *Ritengo non essersi arrivati in sufficiente anticipo.
　　　　(I) believe not be-SE arrived in sufficiently ahead of time
　　d. *Ritengo essersi preoccupato solo un genitore.
　　　　(I) believe be-SE worried only one parent
　　e. *Ritengo non essersi stati trattati col dovuto rispetto.
　　　　(I) believe not be-SE been treated with-the due respect

このような統語的環境は，Graffi(1994)が指摘しているように，名詞句への主格付与が可能な環境である。

(37) La commissione ha ritenuto aver il candidato fornito
　　　the commission has considered have the candidate presented
　　　sufficienti prove della sua maturità scientifica.
　　　sufficient proof of-the his maturity scientific
　　　委員会は，候補者が科学について習熟していることを十分に示したと考えた。

Graffiは，このような環境において不定詞補文のCに助動詞のI(T)が移動し，IP(TP)指定部に位置する不定詞の主語に主格が付与されると分析する。この分析に従うと，(20)においても補文のCが主格を照合することができるということになる。(20a, b)において補文のvP指定部に併合される再帰代名詞クリティックは，クリティックとしての形態的特性を満たすために助動詞のV主要部に移動する。助動詞は再帰代名詞クリティックとともにT

に移動して時制に関する素性の照合を終えた後，さらに再帰代名詞クリティックとともに C へと移動する。再帰代名詞クリティックは C において主格素性の照合を受け，文法的となる[15]。

これに対して，(20c, d, e) の非文法性はどのように説明されるであろうか。Cinque は再帰代名詞クリティックが外項の θ 役割に結び付けられなければならないために非文となると説明しているが，すでに述べたようにこの主張は理論的に妥当であるとは言えない。しかし，ある意味ではこの分析はこの言語事実に対する言語直観を正しく反映しているものと思われる。すなわち，外項の θ 役割が関与しているという点である。では，どのような形で関与すると考えられるであろうか。ここで注目したいのは，Cinque が指摘する以下の事実である。再帰代名詞クリティックはあらゆる種類の動詞と共起可能であるが，非能格動詞・他動詞とそれ以外の場合では再帰代名詞クリティックの解釈の可能性が異なるのである。すなわち，非能格動詞・他動詞と共起する場合には再帰代名詞クリティックは人一般を指すいわゆる恣意的解釈が常に可能であるのに対して，それ以外の動詞と共起する場合には未完了相の時制においてのみ恣意的解釈が可能で，完了相の時制においては発話状況によって決定される発話者を含む不特定の指示対象を持つ(以下では，「発話上の解釈」と呼ぶ)のである[16]。

(38) a. Oggi, a Beirut, si è ucciso un innocente.
　　　　today in   SE is killed an innocent
　　　　今日ベイルートで無実の人が殺された。

　　b. Oggi, a Beirut, si è sparato tutta la mattina.
　　　　today in   SE is shot   all   the morning
　　　　今日ベイルートで午前中ずっと発砲があった。

　　c. % Oggi, a Beirut, si è morti inutilmente.
　　　　　today in   SE is died   in vain
　　　　今日ベイルートで我々はむなしく死んだ。

d. % Oggi, a Beirut, si è stati uccisi inutilmente.
   today in   SE is been killed in vain
   今日ベイルートで我々はむなしく殺された。

　この事実から明らかなのは，完了相の時制においては，外項の θ 役割を担う場合にのみ恣意的解釈が可能となるという制約が再帰代名詞クリティックに課されるということである。未完了相の時制においては，再帰代名詞クリティックの担う θ 役割に関係なく恣意的解釈が可能である。このアスペクトに関わる対立はどのように捉えられるであろうか。
　ここで留意しなければならないのは，恣意的解釈といっても未完了相と完了相ではその解釈を区別しなければならないという点である。再帰代名詞クリティックが未完了相の時制と共起する場合，未完了相の持つアスペクト的性質から，基本的に個別事象ではなく一定の期間において成立する一般的事実を表す。このことは，再帰代名詞クリティックの解釈という観点からは，再帰代名詞クリティックが特定の人の集合を指示するのではなく，不特定多数の人一般を指示するということを意味する。これに対し，完了相の時制とは，そのアスペクト的性質上，基本的に個別事象を表す性質を持っているので，共起する再帰代名詞クリティックは必然的に人一般を指示することはできない。この場合，再帰代名詞クリティックは特定(specific)ではあるが不定(indefinite)である人の集合を指示することになる。このように考えると，不特定多数の人を指示する再帰代名詞クリティック（[−定, −特定]）には θ 役割に関する制限が課されないのに対して，不定の特定の人を指示する再帰代名詞クリティック（[−定, +特定]）には θ 役割に関する語彙的な制約が見られると捉え直すことができる。
　[−定, −特定]の再帰代名詞クリティックと未完了相の時制との共起関係は，[+総称]という素性を設定することによって明示的に捉えることができる。未完了相は総称的な時間に対応する時制であり，不特定多数の人間に対応する[−定, −特定]の代名詞は総称的な指示を行うのに適した要素である。したがって，アスペクトに関与する T と再帰代名詞クリティックがともに

総称性に関する意味的な素性[＋総称]をもち，両者が適切に照合される場合にのみ再帰代名詞クリティックの[－定,－特定]としての適切な解釈が認可されると捉えることができる。これは，以下のように示される。

(39)　… SE[－定,－特定]　　T
　　　　｜　　　　　　　　　｜
　　　[＋総称]　　　　　　[＋総称]
　　　　└──────────┘

これらの素性はそれぞれの要素の意味内容に直接関係するものなので，解釈可能な素性であると考えられる。したがって，これらの照合は LF 以降に行われるものである。このように考えると，再帰代名詞クリティックの認可において θ 役割は無関係ということになる。

　これに対して，[－定,＋特定]の再帰代名詞クリティックには外項の θ 役割に対応しなければならないという制約が課せられる。これは，この解釈の再帰代名詞クリティックが[＋動作]という語彙的な素性を持っており，これが v の同じ素性と照合される場合のみ認可されると考えることによって説明できる。外項の θ 役割を与える動詞は能動的な行為を指示する動詞であり，この意味的特性は外項が生起する句の主要部である軽動詞 v が担っていると考えるのが妥当であろう。外項を持つ v が[＋動作]，外項を持たない v が[－動作]という素性をそれぞれ持つとすると，再帰代名詞クリティックとの素性の照合により前者のみが不定の特定の人を指示する再帰代名詞クリティックと適切な照合関係を持つことができる。この関係は，以下のように表される。

(40)　… SE[－定,＋特定]…　　v
　　　　｜　　　　　　　　　｜
　　　[＋動作]　　　　　　[＋動作]
　　　　└──────────┘

このために，完了相の文においては再帰代名詞クリティックが外項の θ 役

割に対応する場合にのみ［－定,＋特定］の解釈が可能となる。
　外項のθ役割を持たない再帰代名詞クリティックが完了相の時制文において生起した場合，［－定,＋特定］という恣意的解釈が不可能であるが，これとは別に認可される発話上の解釈が可能であるので，非文とはならない。

(32) a. Si è arrivati.
　　　 SE is arrived

　これに対して，外項のθ役割を持たない再帰代名詞クリティックが不定詞節において生起した場合には(20c, d, e)に見られるように非文となるので，不定詞節においてなぜ発話上の解釈が不可能なのかを考えねばならない。この理由を考察する上で重要なのは，発話状況というものが統語的にどのように捉えられるかという視点であろう。一つの方法として考えられるのは，発話とは時間軸における特定の時点に関係付けられる事象であるから，これを定の時制と関係付けるというものである。具体的には，機能範疇 T の持つ［＋テンス］という素性と再帰代名詞クリティックの持つ同じ素性が照合されることによってはじめて再帰代名詞クリティックが発話上の解釈を持つことができると考えることができる。このように考えると，(20c, d, e)の非文法性は次のように説明することができる。
　まず，不定詞節の T は，それ自体では特定の時間に結び付けられない。したがって，総称的な時間に対応しないので，［＋総称］を持たない。このため再帰代名詞クリティックの［－定,－特定］の解釈は排除される。また，これらの例における動詞は外項のθ役割を与えないので v が［＋動作］の素性を持たないために，［－定,＋特定］の解釈も不可能である。残る可能性は発話上の解釈であるが，この解釈は T が［＋テンス］を持たねば認可されない。不定詞節の T は［－テンス］の素性を持っており，この条件を満たすことができない。

(41) ＊… SE　　　　　T
　　　　｜　　　　　　｜
　　　［＋テンス］　［－テンス］
　　　　└─────────┘

このために再帰代名詞クリティックに可能なすべての解釈の可能性が排除されてしまうので，(20c, d, e)は非文となると説明される。

　ここで，発話上の解釈と完了相の恣意的解釈には共通性が見られることに注目したい。すなわち，いずれの解釈も一般的事象ではなく，個別事象に対応するという点である。したがって，完了相の恣意的解釈に関して［－定，＋特定］という特徴付けを行ったが，この特徴付けは発話上の解釈に適用できることになる。つまり，発話事象の再帰代名詞クリティックと完了相における恣意的解釈の再帰代名詞クリティックはともに［－定，＋特定］という特性で捉えることができるのである。これは，ある特定の時点に限定された個別事象を描写する上で，［－定，＋特定］という性質を持つ実体がその事象と関連付けられるという共通性が両者にあることを意味する。両者の違いは，どの素性によってその解釈が認可されるかという点である。

　では，なぜ［－定，＋特定］の再帰代名詞クリティックは性質の異なる二つの素性によってそれぞれ認可されるのであろうか。それは，再帰非人称構文における再帰代名詞クリティックが明示的な指示対象を指示するのに本来適さない要素であるという語彙的特質に起因すると考えられる。当該構文における再帰代名詞クリティックはそもそも指示対象を特定化するのを避けるために用いられる要素である。したがって，本来の機能は［－定，－特定］の解釈であると言える。［－定，＋特定］という特殊な解釈を持つには，［＋特定］という特性を他の文中の明示的な要素によって保証されねばならないと考えることができる。その働きをするのが，動詞の持つ［＋動作］やＴの［＋テンス］という特性である。動作性とは動作主を前面に出す意味的特性であり，時制の定性とは事象そのものを特定化する働きを持つ。両者の働きによって，再帰代名詞クリティックの指示対象の特定化が保証されるのである[17]。

　このように，再帰代名詞クリティックの解釈を［－定，－特定］と［－定，＋

特定]に分けることにより，再帰代名詞クリティックの統語的分布が簡潔に説明される。Cinqueのように発話上の解釈と恣意的解釈という形で分類して考察すると，項である再帰代名詞クリティックと項ではない再帰代名詞クリティックとの区別という自然とは言い難い統語的分析を提示せざるを得なくなる。外項のθ役割と結び付くという特異な性質は，[－定，＋特定]という解釈が再帰代名詞クリティックに関しては有標な解釈であり，特別な認可条件が必要となると考えれば説明されるものであり，再帰代名詞クリティックに関して不自然な形式的区別を設定する必要はなくなるのである。

1.4. まとめ

　本節では，再帰非人称構文の統語構造を明らかにしながら，当該構文における再帰代名詞クリティックの統語的ステイタスについて議論を進めてきた。ここでの基本的な考え方は，表層での位置は動詞に接語化するという特殊な性質を示すものの，生成文法において名詞句のはたす機能を明示するために必要な概念であるθ役割と抽象格という二つの観点から再帰代名詞クリティックは典型的な主語名詞句と同じ性質を持つということである。従来の伝統文法では，再帰代名詞クリティックが主語であると記述されてきたが，これは重要な言語直観を表現しているものと言える。その根拠の一つに，当該構文において再帰用法として用いられる再帰代名詞クリティックが生起可能であるという事実が挙げられる。

(12) a. Ci si lava.
　　　　SE SE washes
　　b. Ci si trova in difficoltà.
　　　　SE SE finds in difficulty

再帰代名詞とはいうまでもなく先行詞の存在を前提とした要素であり，典型的にはその先行詞は主語名詞句である。統語レベルにおいては，再帰代名詞クリティックは局所的な領域において先行詞に束縛されることによって認可

され，項としての文法的機能を果たすことができることになる。特に，イタリア語において再帰用法の再帰代名詞クリティックが生起する環境では必ず主語がその先行詞となる。このことから，再帰代名詞が生起可能である再帰非人称構文は統語的な主語を持つ構文であるということになる[18]。

この「主語」というステイタスが理論的にどのように位置付けられるかにはいくつかの方法があるが，本節の分析ではvP指定部に項として併合されるという部分にそれが反映されているということになる。統語的主語というステイタスは，生成文法においては通常TP指定部に位置する要素であると特徴付けられる。しかし，再帰非人称構文においてはこの特徴付けは成立しない。非人称再帰代名詞がクリティックとして動詞に付加するからである。再帰非人称構文は，主語という概念がTP指定部に位置する要素だけではなく，vP指定部に併合される要素にも対応することがあることを示す重要な現象であると言える[19]。

2. スペイン語における再帰非人称構文

イタリア語と同様に，スペイン語においても再帰非人称構文は一般的に用いられる。スペイン語において特徴的なのは，不定詞補文を含む構文における再帰代名詞クリティックの統語的分布である。以下では，不定詞補文を選択する動詞を法動詞，繰り上げ動詞，それ以外の動詞に分け，それぞれの文における再帰代名詞クリティックの分布とそれに対する分析を提示する。

2.1. 法動詞

不定詞補文を選択する構文の中で一般的なものの一つとして挙げられるのが，法動詞構文である。法動詞は，発話内容に対する話者の態度を示すというその性質上，不定詞補文の存在を前提としていると言える。以下では，法動詞構文における非人称用法の再帰代名詞クリティックの分布について考察する。

2.1.1. 分　　布

　法動詞によって選択される不定詞補文においては，再帰代名詞クリティックが不定詞に接語化されることが許される場合がある[20]。この場合，不定詞が他動詞でなければならず，自動詞の場合には再帰代名詞クリティックの不定詞への接語化は非文となる。

(42) a. Debe barrerse la facultad todos los días.
　　　　must sweep-SE the faculty all the days
　　　　毎日大学を掃除しなければならない。
　　b. Puede desmentirse las noticias en cualquier momento.
　　　　can deny-SE the news in any moment
　　　　いつでも知らせを否定することができる。
(43) a. *Debe trabajarse mucho aquí.
　　　　must work-SE much here
　　b. *Puede llegarse temprano.
　　　　can arrive-SE early　　　　　　　(Mendikoetxea 1999b)

　他動詞の直接目的語が代名詞クリティックとして生起し，再帰代名詞クリティックと同時に不定詞に接語化されることも可能である。

(44) a. Debe estudiársela con calma.
　　　　must study-SE-it with calm
　　　　落ち着いてそれを研究しなければならない。
　　b. Puede solucionárselo rápidamente.
　　　　can solve-SE-it quickly
　　　　すぐにそれを解決できる。
　　c. A Juan podría odiársele.
　　　　(to) could hate-SE-him
　　　　ホアンは嫌われるかもしれない。　　　　　　　　(ibid.)

再帰代名詞クリティックの接語化にはもう一つのオプションがある。法動詞が用いられる構文の特徴として，目的語代名詞クリティックが不定詞の他に定動詞である法動詞に接語化することも可能である。

(45) a. Se lo debo dar.
     (I) to-him it must give
     私はそれを彼にあげなければならない。
  b. Te lo puedo explicar.
     (I) to-you it can explain
     それを君に説明してあげられるよ。

再帰代名詞クリティックも定動詞である法動詞に接語化することが可能である。興味深いことに，この場合は他動詞・自動詞いずれも文法的となる。

(46) a. Se debe considerar todas las opciones.
      SE must consider all   the options
      すべての選択肢を考慮しなければならない。
   b. Se puede sacar las entradas otro día.
      SE can get the tickets other day
      そのうち切符を手に入れられる。
   c. Se debe llegar temprano.
      SE must arrive early   早く着かなければならない。
   d. Se puede trabajar mucho aquí.
      SE can work   much here
      ここではたくさん働くことができる。   (ibid.)

再帰代名詞クリティックが法動詞に接語化する場合も，直接目的語が代名詞クリティックとして生起することが可能である。この場合，直接目的語代名詞クリティックも法動詞に接語化する。

(47) a. Se las debe ver desde aquí.
SE them must see from here
ここからそれらが見えるはずだ。

b. A Juan se le podría odiar.
(to) SE him could hate
ホアンは嫌われるかもしれない。 (ibid.)

2.1.2. 分　析

　以上の再帰代名詞クリティックの分布から分かるのは，動詞の種類にかかわらず文法的となるのは法動詞への接語化であるという点である。これは，1.1で観察したイタリア語においても文法的な派生である。

(11) a. Si può mangiare bene.
SE can eat well

これに対応する文(46)の構造は，(48)に示される。この派生において，再帰代名詞クリティックの主格素性はTに編入することによって適切に照合される。

(46) d. Se puede trabajar mucho aquí.
　　　　SE can work much here

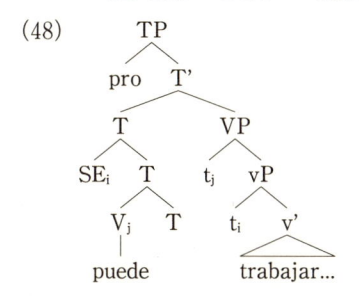

(48)
```
          TP
         /  \
       pro   T'
            /  \
           T    VP
         / \   / \
       SE_i T t_j vP
           / \   / \
          V_j T t_i v'
          |
         puede   trabajar...
```

これに対して，不定詞が他動詞である場合を除いて，再帰代名詞クリティックが不定詞に接語化している文は非文である。このことから，この派生は基本的に不適格なものであると考えられる。その理由は，1.3.2でイタリア語の例を分析した際に述べたように，再帰代名詞クリティックの格素性が強い素性であるために，その照合が一致操作ではなく移動によってなされなければならないためである。では，スペイン語において不定詞が他動詞の場合にこの派生が文法的となるのはなぜであろうか。本研究では，他動詞の場合に特定の操作が関与することで通常は認められない派生が適切なものとなると考える。再帰代名詞の格素性が強いのであれば，接語化した要素が対応する格素性を持っているはずである。そこで，不定詞が他動詞の場合には，不定詞が法動詞のV主要部に移動することによってTの持つ主格素性を継承すると考えたい。(49)にその構造を示す。

(42) a. Debe barrerse la facultad todos los días.
    must sweep-SE the faculty all the days

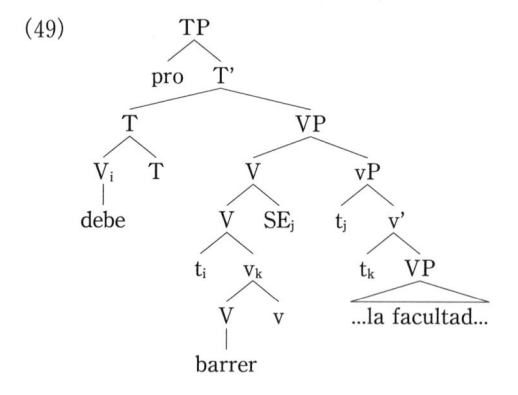

(49)
```
                TP
              /    \
           pro      T'
                  /    \
                 T      VP
               /   \   /   \
             Vᵢ    T  V     vP
              |      / \   /  \
            debe    V  SEⱼ tₖ  v'
                   / \       /  \
                  tᵢ  vₖ    tₖ   VP
                     / \         |
                    V   v    ...la facultad...
                    |
                  barrer
```

不定詞は主要部移動により法動詞に編入している。法動詞は定動詞であるためにT主要部へと編入する。これにより，T主要部と不定詞のvが法動詞の痕跡を介して関係付けられることになる。この関係付けによってT主要部の主格素性が不定詞のvに継承されるのである。この格素性の継承は，

継承する動詞が格素性を持っていることが条件となる。自動詞の場合にこの派生が不適切なのはこのためである。つまり，格素性の継承はvの持つ対格素性との融合であると考えられる。格素性を持っている要素であるからこそ，他の要素の持つ格素性を受け入れて融合することが可能なのである[21]。

この格素性の融合という操作が関与していることを支持する現象が，目的語代名詞クリティックの共起である。再帰非人称構文において再帰代名詞クリティックと目的語代名詞クリティックが共起することが可能であることはすでに見たとおりであるが，これには制約がある。すなわち，再帰代名詞クリティックが不定詞に接語化する場合には，目的語代名詞クリティックが単独で法動詞に接語化することはできないというものである。

(50) a. *A las niñas las puede verse.
　　　(to) the girls them can see-SE
　　b. *A Juan le puede odiarse.
　　　(to) him can hate-SE 　　(Mendikoetxea 1999b)

クリティックが格素性が照合される要素に接語化すると考えると，格素性の融合が行われた場合には同じ動詞に二つのクリティックが照合されるはずである。(50)が非文であるのは，格素性の融合により定動詞である法動詞は格素性を失っているために，目的語代名詞が接語化しても適切に格照合がなされないためであると説明できる。

これに対して，再帰代名詞クリティックが法動詞に接語化している場合には格素性の融合が行われなくても文法的な派生がなされる。

(46) a. Se debe considerar todas las opciones.
　　　SE must consider all the options

不定詞が他動詞である場合も，自動詞の場合とまったく同じ構造となる。この文の派生では，再帰代名詞クリティックはTの主格素性，直接目的語名

詞句は不定詞の対格素性に対してそれぞれ照合される。したがって，格素性の継承は必要な場合にのみ行われる操作であると言える。

　ここで留意しなければならない事実がある。再帰代名詞クリティックが法動詞に接語化する場合にも，目的語代名詞クリティックが不定詞に単独で接語化することができず，再帰代名詞クリティックと同時に法動詞に接語化しなければならないというものである。

(51) a. *A　las niñas se　puede verlas.
　　　　(to) the girls SE can　see-them
　　 b. *A Juan se　puede odiarle.
　　　　(to)　　　SE can　hate-him　　　　(Mendikoetxea 1999b)

再帰代名詞クリティックが法動詞に接語化する派生では格素性の融合が行われていないので，直接目的語代名詞は不定詞に接語化することが可能であると予想される。実際，1.3.2 で見たイタリア語では，そのような派生が可能である。

(30) a. Frutta e　　verdura? Si　dovrebbe mangiarne tutti i　giorni.
　　　　fruit and vegetable SE should　eat-some　all　the days

したがって，(51)が非文であるのはスペイン語固有の制約によるものと考えねばならない。ここでは，この文が非文となるのは派生が破綻するためではなく，同一の動詞の項である複数のクリティックが形態的に連続することを義務付ける以下の PF におけるフィルターによるものと考える。

(52) *...[cl1$_i$-V1]...[cl2$_i$-V2]...
　　　（同一指標は同じ動詞の項であることを示す）

このフィルターを満たすために，スペイン語においては再帰代名詞クリ

ティックと目的語代名詞クリティックが同時に法動詞に接語化しなければならない[22]。こうした文の構造は以下に示される。

(47) a. Se las debe ver desde aquí.
   SE them must see from here

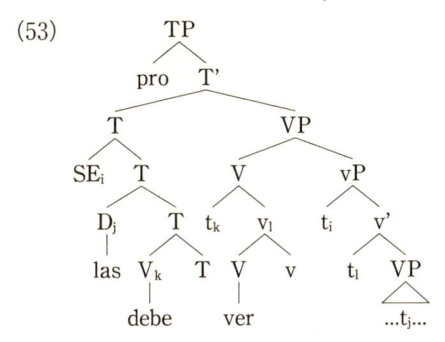

(53)
```
              TP
            /    \
          pro    T'
               /    \
              T      VP
            /  \    /   \
          SEᵢ   T  V     vP
              / \  / \  /  \
             Dⱼ  T tₖ v₁ tᵢ  v'
                /\   |    |  / \
               las Vₖ T   V v  t₁ VP
                    |  |      △
                   debe ver   ...tⱼ...
```

この構造では，(52)のフィルターを満たすために，不定詞から定動詞へ対格素性が継承されることによって格素性の融合が行われている。これは，再帰代名詞クリティックが法動詞に接語化する場合の格素性の継承とは逆の方向への操作である。この操作は，再帰代名詞クリティックが生起しない場合にも関与する一般的なものである。すでに見たように，法動詞構文においては不定詞の項である代名詞クリティックが法動詞に接語化することが可能である。

(45) b. Te lo puedo explicar.
   (I) to-you it can explain

このような例においても，Tの主格素性と不定詞の対格素性の融合が行われることによって，目的語代名詞クリティックの格素性が法動詞を含むTと照合されると考えられる。

2.2. 繰り上げ動詞

　繰り上げ動詞も不定詞補文を選択する要素であり，非人称用法の再帰代名詞クリティックの分布に関して法動詞に類似した統語的環境を与えるが，相違点も観察される。以下では，特に両者の相違点に注目しながら繰り上げ構文を分析する。

2.2.1. 分　　布

　繰り上げ動詞によって選択される不定詞においても，他動詞の場合のみ再帰代名詞クリティックが不定詞に接語化されることが許される[23]。自動詞の場合に不定詞への接語化が非文となるのも法動詞の場合と同様である。

(54) a. Parece verse　las montañas　desde aquí.
　　　　seems　see-SE　the mountains　from　here
　　　　ここからそれらの山が見えるようだ。

　　b. Parece verse　a　Julia desde aquí.
　　　　seems　see-SE　(to)　　　from　here
　　　　ここからフリアが見えるようだ。

(55) a. *Parece trabajarse mucho aquí.
　　　　seems　work-SE　much　here
　　b. *Parece llegarse　temprano.
　　　　seems　arrive-SE　early　　　　　　　　　　(Mendikoetxea 1999b)

他動詞の直接目的語代名詞クリティックと再帰代名詞クリティックが同時に不定詞に接語化される例も観察される。

(56) Parece vérsela　desde aquí.
　　　seems　see-SE-it from　here
　　　ここからそれが見えるようだ。　　　　　　　　　　　　　　(ibid.)

法動詞の場合と異なるのは，再帰代名詞クリティックが不定詞ではなく定動詞である繰り上げ動詞に接語化することが不可能であるという点である。

(57) a. *Se parece barrer la facultad.
    SE seems sweep the faculty
  b. *Se parece trabajar mucho aquí.
    SE seems work much here (ibid.)

この事実は，法動詞構文と繰り上げ構文の統語構造が異なっていることを強く示唆している。

2.2.2. 分　　析

　再帰代名詞クリティックが繰り上げ動詞に接語化できないという事実は，繰り上げ構文が法動詞構文と異なる構造を持っていることを示唆している。これと関連付けられる事実として，繰り上げ構文においては不定詞の項である目的語代名詞クリティックも繰り上げ動詞に接語化できないという現象が挙げられる。これに対して，目的語代名詞クリティックが不定詞に接語化した例は文法的である。

(58) a.　　*Lo parece pedir.
    (he) it seems ask for
  b.　　Parece pedirlo.
    (he) seems ask for-it
    彼はそれを求めているようだ。　　　　(Fernández Soriano 1999)

不定詞が他動詞である場合に，再帰代名詞クリティックが不定詞に接語化することが可能であることから，法動詞構文の場合と同様に不定詞への主格素性の継承による格素性の融合は可能なはずである。したがって，繰り上げ動詞構文と法動詞構文の不定詞補文の構造が異なることが両構文の相違を引き

起こしていると考えられる。

　繰り上げ動詞が法動詞と異なるのは，節を選択する自立性の高い動詞であるという点である。繰り上げ動詞が選択する節は不定詞節とは限らず，定形節や小節も可能である。

(59) a.　Parece que　　va　a llover.
　　　　(it) seems　that (it) goes to rain　　雨が降るようだ。
　　 b. Esa película parece interesante.
　　　　that film　　seems　interesting
　　　　その映画はおもしろいようだ。

　この事実は，繰り上げ動詞の選択する節は自立性を有していることを示している。したがって，不定詞節の構造は統語的に節として不十分なvPではなく，時制・屈折に関わる要素であるTを含むTPであると考えられる。ただし，不定詞であるので時制・屈折に関してはマイナスの素性を持ち，一切の形態的変化を示さない。このように考えれば，代名詞クリティックが主節の動詞である繰り上げ動詞に接語化できないのは，補文のTPの存在により上位の動詞句への移動が妨げられるためであると考えることができる。

　これに対して，再帰代名詞クリティックが不定詞に接語化する派生は認められる。(60)にその構造を示す。この構造では不定詞が繰り上げ動詞に編入していないが，主要部動詞の一致によって主節のTの主格素性が不定詞に継承され，格素性の融合が行われると考えられる。自動詞の場合に格素性の融合が不可能なために非人称用法の再帰代名詞クリティックの生起が不可能である点，および他動詞の直接目的語が代名詞クリティックとして生起する場合には格素性の融合によって不定詞に二つのクリティックが同時に接語化する点は，法動詞構文と同様である。

(54) a. Parece verse　las montañas　desde aquí.
　　　　seems　see-SE　the mountains　from　here

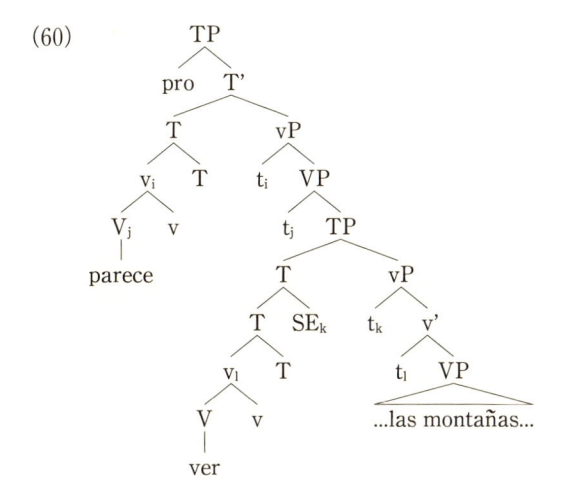

(60)
```
                    TP
                   /  \
                 pro   T'
                      /  \
                     T    vP
                    / \   / \
                   vᵢ  T tᵢ  VP
                  / \        / \
                 Vⱼ  v      tⱼ  TP
                 |             /  \
               parece         T    vP
                             / \   / \
                            T  SEₖ tₖ  v'
                           / \        / \
                          vₗ  T      tₗ  VP
                         / \             |
                        V   v        ...las montañas...
                        |
                        ver
```

2.3. 他の不定詞補文

法動詞構文および繰り上げ構文以外の不定詞が生起する構文においては，非人称用法の再帰代名詞クリティックが接語化することは不可能である。(61)は，コントロール構文・他動詞補文・知覚動詞構文・使役構文の例である。

(61) a. *Sería   mejor convocarse elecciones.
        would-be better call-SE   elections
    b. *La gente desea trabajarse menos.
        the people desires work-SE less
    c. *La policía prohibió entrarse al juzgado.
        the police prohibited enter-SE into-the court
    d. *Vimos aclamarse a los vencedores.
        (we) saw applaud-SE (to) the winners
    e. *El gobierno hizo construirse embalses.
        the government made construct-SE dams

(Mendikoetxea 1999b)

上記の例に対応する意味を表す文法的な文は，一般の人を指す不定詞の主語に相当する要素が明示的に生起しない文である。この場合，一般の人を指示する空の代名詞 PRO もしくは pro が生起すると考えられる。

(62) a. Sería mejor convocar elecciones.
 (it) would-be better call elections
 選挙を公示したほうがいいだろう。
 b. La gente desea trabajar menos.
 the people desires work less
 人々は労働量を減らしたがっている。
 c. La policía prohibió entrar al juzgado.
 the police prohibited enter into-the court
 警察は法廷への入廷を禁止した。
 d. Vimos aclamar a los vencedores.
 (we) saw applaud (to) the winners
 我々は勝利者が喝采を浴びるのを見た。
 e. El gobierno hizo construir embalses.
 the government made construct dams
 政府はダムを建設させた。 (ibid.)

これらの構文において非人称用法の再帰代名詞クリティックが生起できないのは，主節の T からの格素性の継承が不可能であるためであると考えられる。以下では，その理由を考察する。

まずコントロール構文であるが，一般的にこの文では述語にあたる形容詞が不定詞節を選択するという構造が仮定される。(63)に(62a)の構造を示す。一方(61a)では，不定詞が含まれる補文の T と主節の T との間に主要部 A が介在している。形容詞はその性質上，格素性は持たない要素であるので，格素性の継承に関与することができない。このため，主節の T から補文の T への格素性の継承が妨げられるために，再帰代名詞クリティックの格照

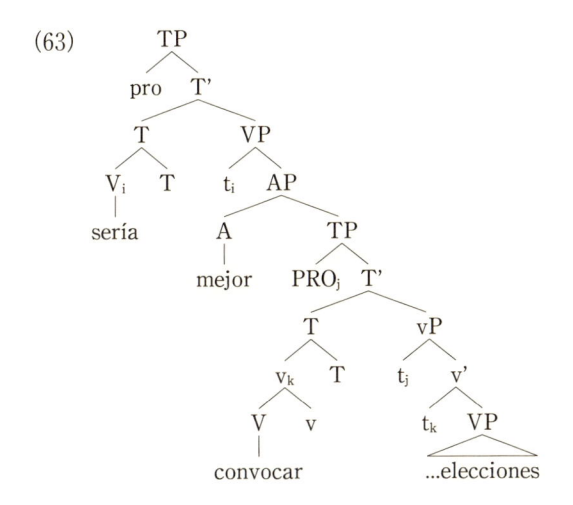

(63)
```
             TP
            /  \
          pro   T'
               /  \
              T    VP
             / \   |
           Vᵢ  T   ...
           |      / \
         sería  tᵢ   AP
                    /  \
                   A    TP
                   |   /  \
                mejor PROⱼ T'
                          /  \
                         T    vP
                        / \   / \
                      vₖ  T  tⱼ  v'
                      / \     / \
                     V   v   tₖ  VP
                     |          
                  convocar    ...elecciones
```

合を不定詞を含む補文の T が行うことができずに(61a)が非文となるのである。

　他動詞補文・知覚動詞構文・使役構文の場合は形容詞が生起しないため，コントロール構文とは異なる理由で再帰代名詞クリティックが生起できないと考えられる。これらの構文に共通するのは，主節の動詞が主格を持つ動作主項を選択するという点である。例えば，(61b)の例で名詞句の格照合について考えるために，構造を(64)に示す。この文で格素性を持つ要素は動詞"desea"の主語である"la gente"と不定詞に接語化している再帰代名詞クリティックであり，いずれも主格素性を持っている。主格素性を照合できるのは[＋時制]の素性を持つ T であるので，この文でそれに該当するのは主節の T のみである。もし法動詞構文や繰り上げ構文のように主節の T の主格素性が不定詞に継承されて再帰代名詞クリティックの主格素性を照合すると，主節の主語名詞句の格照合が適切に行われないということになる。逆に，格素性の継承が行われないとすると，主格素性を持つ再帰代名詞クリティックの格照合が適切に行われない。したがって，文法的な派生が存在しないために非文となるのである。

(61) b. *La gente desea trabajarse menos.
    the people desires work-SE less

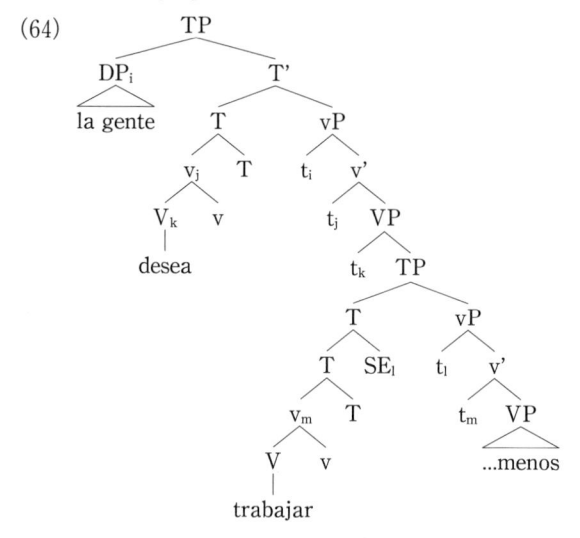

(64)
```
                TP
              /    \
           DPᵢ      T'
           |      /    \
        la gente T      vP
                / \    /  \
              vⱼ   T  tᵢ   v'
             / \       / \
           Vₖ   v     tⱼ  VP
           |           / \
         desea        tₖ  TP
                        /    \
                       T      vP
                      / \    /  \
                     T  SEₗ tₗ   v'
                    / \        / \
                  vₘ   T      tₘ  VP
                 / \              |
                V   v           ...menos
                |
              trabajar
```

2.4. まとめ

　本節では，スペイン語において非人称用法の再帰代名詞クリティックが特定の環境において不定詞に接語化する現象を分析した。この分析で，1.3で示したイタリア語の当該要素に対する分析がスペイン語においてもそのまま適用可能な一般性の高いものであることが示された。スペイン語において観察される特徴的な現象は，主格素性の不定詞への継承による格素性の融合という個別言語に認められる操作によって説明される。スペイン語において見られる，再帰代名詞クリティックと目的語代名詞クリティックの共起に関する制約も格素性の融合という操作を仮定することによって自然に説明された。
　不定詞節における再帰代名詞クリティックのふるまいに関してスペイン語に見られる特異な現象は，非人称用法の再帰代名詞クリティックが項としてのステイタスを持ち，主格素性を有するという本研究の基本的な立場を支持するものであると言える。

3. フランス語における非人称構文

再帰代名詞クリティックの非人称用法に関して極めて興味深いのは，イタリア語やスペイン語と異なり，フランス語には当該用法が存在しないという事実である。本節では，再帰非人称構文がフランス語に見られないのはどのような特質によるのかを考察する。

3.1. 空主語の認可

フランス語においては，動詞の種類に関わらず，再帰代名詞クリティックが非人称用法として用いられる例は一切観察されない。

(65) a. *Se dort beaucoup.
      SE sleeps much
   b. *Se va souvent au théâtre.
      SE goes often to-the theater
   c. *Se mange souvent les gâteaux.
      SE eats often the cakes

この事実は，フランス語が空の代名詞を主語位置に認可しない言語であることから説明される。すでに議論したように，再帰非人称構文において再帰代名詞クリティックは動詞に接語化され，定形節のT主要部もしくは不定詞節の動詞主要部に位置している。このため，主語位置であるTP指定部の位置を占める明示的な要素は存在しない。本研究の分析では，イタリア語やスペイン語においてこの位置を虚辞の代名詞であるproが占め，TのEPP素性が適切に照合される。この派生が許されるのは，両言語が主語位置に空の代名詞の生起を認める言語であるからである。

(66) イタリア語
   a.   Penso di finire il mio lavoro.
       (I) think of finish the my work
       私は仕事を終えようと思っている。
   スペイン語
   b.   No sé hablar en francés.
       (I) not know speak in French   私はフランス語で話せない。

これに対して，フランス語では主語位置に空の代名詞が生起することができない。

(67)   *Vais voir Marie chaque jour.
     (I) go see every day

虚辞の要素としては，一般に男性単数名詞を指示する要素として機能する人称代名詞が用いられる。

(68) Il est une heure de l'après-midi.
    it is one hour of the afternoon   午後1時です。

このため，主語人称代名詞のオプションとして空の代名詞が認められない言語においては，虚辞の要素として空の代名詞が生起することも不可能なのである。したがって，(65)の非文法性は，TP指定部を占める要素が存在しないために，TのEPP素性が適切に照合されないためであると説明される[24]。
   フランス語において再帰非人称構文に対応するのは，人称代名詞"on"を用いる構文である。

(69) a. On dort beaucoup.
      one sleeps much   たくさん眠る。

    b. On va souvent au théâtre.
      one goes often to-the theater　よくお芝居を見に行く。
    c. On mange souvent les gâteaux.
      one eats often the cakes　よくケーキを食べる。

この構文は，フランス語の文法では非人称構文であるとは位置付けられない。それは，主語位置に生起する代名詞"on"が，一般の人もしくは文脈によって特定化される人という具体的な指示対象を有すると認識されているからである。代名詞"on"は，通常の人称代名詞とまったく同様に，主格素性を担い，TP指定部に位置することによってTのEPP素性を照合する要素なのである。

3.2. 虚辞の人称代名詞

　フランス語には空の人称代名詞が存在しないために再帰代名詞クリティックに非人称用法が見られないという説明には，補足しなければならない点がある。それは，明示的な非人称代名詞と再帰代名詞クリティックが生起した例についての考察である。実際にはそのような文は非文である。

(70) a. *Il se dort beaucoup.
      it SE sleeps much
    b. *Il se va souvent au théâtre.
      it SE goes often to-the theater
    c. *Il se mange souvent les gâteaux.
      it SE eats often the cakes

　これらの例が非文である理由について，Cinque(1995)は虚辞の非人称代名詞"il"に課せられる制約という観点からの説明を提示している。虚辞の非人称代名詞"il"は，他の要素と連鎖を形成しない，もしくは連鎖の一部となる場合には節としてのステイタスを持つ要素と連鎖を形成しなければなら

ないという制約があるとする。(70)では虚辞の非人称代名詞が名詞的要素である再帰代名詞クリティックと連鎖関係にあり，この制約に違反するために非文となると説明する。しかし，この説明の基盤となる虚辞の非人称代名詞の連鎖形成の制約がどのような原理と関係付けられるのかが明確ではない。

そこで，本研究では Belletti(1982)と同様に，再帰代名詞の格という観点から(70)の例が非文となると考える。その前提として，フランス語における虚辞の再帰代名詞クリティックは，イタリア語やスペイン語における虚辞の代名詞である空の pro とは異なり，常に主格素性を持つと考えてみよう。この仮定は，虚辞の代名詞である"il"が生起するいわゆる非人称構文において，主格要素を担う名詞句が生起できないという事実によって支持される。

(71) *Il est arrivé mon voisin.
  it is arrived my neighbor

この文では，虚辞の人称代名詞"il"と動詞に後続する名詞句"mon voisin"の二つの要素が主格素性を持つが，T 主要部が照合できるのはそのいずれか一つの主格素性のみである。このために格照合が適切に行われず，非文となると説明される[25]。これとまったく同じ説明が(70)の例について適用される。1.3 で述べたように，再帰非人称構文における再帰代名詞クリティックは主格素性を担う要素である。すると，虚辞の人称代名詞か再帰代名詞クリティックのいずれかの主格素性が(70)では適切に照合されないということになるために非文となるのである。

3.3. まとめ

本節では，フランス語の再帰代名詞クリティックに非人称用法が見られないという特異性について考察を進めた。この現象は，再帰代名詞クリティックに関して新たな仮定を一切設けることなしに，フランス語とイタリア語・スペイン語の間に観察される一般的な統語的特徴の相違によって説明されるものである。すなわち，前者は主語位置に空の人称代名詞 pro の生起を許

容しない言語であるという点である。空の要素と異なり，明示的な形式を持つ人称代名詞は，それが虚辞の要素であったとしても格素性を担うというのがここでの前提となる考え方である。これは，GB理論の時代に格理論の中核をなした格フィルターの基本的な見方と合致する。すなわち，「音形を持つ」名詞句には抽象格が付与されなければならないというものである。イタリア語やスペイン語において再帰代名詞クリティックが非人称用法を担うことができるのは，「音形を持たない」空の代名詞proの生起が可能であるというその一点によって説明される統語現象なのである。空の代名詞は格素性を担うこともあるが，必ずしもその必要がなく，TのEPP素性を照合するという形式的要求のみによって統語構造に導入されることが可能である。このことが，再帰代名詞クリティックによる非人称構文を可能としている。

　意味役割を持たずに，形式的な要求にのみその存在理由を見出す虚辞の要素であっても「音形」を持つ以上は抽象格，現在の最小主義プログラムの枠組みでは格素性を担うという見方は，生成文法における格という概念に対する基本的な立場を示していると言える。再帰非人称構文に関する事実は，主語位置に空の代名詞proの生起を許容するパラメーターが極めて広範囲の統語現象に影響を及ぼすものであることを改めて示している。

4. 総　　括

　本章では，イタリア語とスペイン語に見られる非人称用法の再帰代名詞クリティックについて，項としてθ役割を担い，主格素性を持ち，A位置に併合されるという統語的特性を有すると分析した。また，フランス語においてこの要素が観察されないのは，空の主語代名詞というオプションをこの言語が許容しないというパラメータによるものであると主張した。

　本章での，特にイタリア語における現象の分析において特徴的な点として，複合時制文において外項が存在しない動詞の場合，形容詞的な性質を持つ過去分詞が生起するという仮定が挙げられる。これは，動詞の持つ意味に関わる語彙的側面が統語構造において形式的な形で反映されるということを意味

する。イタリア語はロマンス諸語の中でも一致現象が極めて豊富な言語である。このイタリア語に特徴的な統語現象を説明する上で，単に形式的な側面にのみ注目するのではなく，意味的な側面との関連を考慮に入れることによって，より広範囲な言語事実を言語直観に即した形で分析することが可能となる。意味に関する要素を形式的な素性という形で統語論に導入することによって，より多くの形式面に関する事実が説明される。

不定詞節における再帰代名詞クリティックの制約に関しても，意味的な側面の考察が有効である。定性・特定性・総称性・動作性といった名詞や動詞の意味に関わる概念を解釈可能な素性という形で形式的に導入することによって，より自然な形で複雑な言語事実を説明することが可能となる。意味的な概念を形式的な素性という形でどこまで統語現象の分析に組み込むべきかという点に関しては，議論の分かれるところであろう。生成文法のような統語理論においては，このような意味的な要素をできる限り排除した形でより簡潔な文法の構築を目指すべきだという見方が，説明的妥当性という観点から極めて自然なものである。しかし多様な言語現象が観察される中で，可能な限り多くの具体的な言語事実を説明するという努力も追究すべきものであろう。LF以降で関与する意味的な素性を導入することによって，統語部門における中核的な部分のシステムを極めて簡略な形にした上で，多様な言語事実を説明することが可能となるのである。

[第4章注]
1 このような場合，通常は再帰受動構文の使用が好まれる。話者によっては，他動詞における再帰非人称構文の容認度がかなり下がる場合がある。
2 他動詞における再帰非人称構文をあまり許容しない話者であっても，直接目的語が人称代名詞として生起する場合には容認度が上がる(Renzi et al. 2001)。
3 この文では不定詞の"sentirsi"の主語であるPROが条件節の主語である再帰代名詞クリティックによってコントロールされている。したがって，主節の形容詞は再帰代名詞クリティックに一致して男性複数形となっている。
4 3人称単数形の直接目的語人称代名詞は，助動詞に接語化する場合，母音が脱落するのが一般的である。
5 再帰代名詞クリティックが非定形動詞に接語化可能な統語的環境とは，本文で示した認識動詞の補文の他に，以下に示される繰り上げ動詞と分詞構文に相当するジェルンディオ節である。

    a. Sembra non essersi ancora scoperto   il   vero colpevole.
        (it) seems   not be-SE yet   discovered the true culprit
        真犯人はまだ分かっていないように思われる。
    b. Non essendosi ancora scoperto   il   vero colpevole...
       not   being-SE yet   discovered the true culprit
       真犯人はまだ分かっていないので, ……
6   名詞句とは異なる統語的ステイタスを持つと考えられる要素が θ 役割や格を担うという点で, 3 章の再帰受動構文の再帰代名詞クリティックや受動形態素と共通している。
7   理論上は, T 主要部に位置していても T の EPP 素性の照合がなされるという可能性を排除できない。しかし, 後に議論するフランス語における再帰非人称構文の欠如を説明する上で, 本研究ではこの考え方は採用しない。
8   虚辞の pro を設定するという考え方は, Cinque (1995) と共通するものである。しかし Cinque は, 再帰代名詞クリティックが項である場合には虚辞の pro, 再帰代名詞クリティックが項でない場合には性・数の φ 素性を持つ pro がそれぞれ IP 指定部に基底生成すると分析するが, このような 2 種類の pro を設定するのは理論的に根拠が希薄である。本研究ではこのような区別を設定せず, 再帰非人称構文における pro は虚辞であると考える。
9   イタリア語と同様に再帰非人称構文が見られるスペイン語においては, 形容詞の一致に関してイタリア語と異なる特徴が観察される。形容詞が男性複数ではなく, 男性単数で標示されるのである。
    Se está contento.
    SE is   content-m.sg.   (みんな) 満足している。
この事実から, スペイン語では非人称用法としての再帰代名詞クリティックの持つ意味機能とは独立して, φ 素性が無標の値である男性単数として指定されていると考えられる。
10 イタリア語などにおける倒置文において, 一般に主語位置には虚辞の pro が生起すると分析される。
11 非人称代名詞が他の代名詞と連続して同じ動詞に接語化する場合, ne 以外の代名詞に後続する。これに対し, 再帰代名詞は他の代名詞に先行する。
(i) a. Lo si   era preparato prima.
       it SE was prepared beforehand それはあらかじめ用意してあった。
    b. La si   è imparata a memoria.
       it SE   learned   in memory それは暗記された。
    c. Ce le   si compra.
       SE them SE buys それらは自分用に買われる。
    d. Ce lo si   prepara.
       SE it SE prepares それは自分のために用意される。
    e. Se ne   manda.
       SE some sends   いくらか送られる。／彼は自分にいくらか送る。
(ii) a.   Se lo era preparato prima.
       (he) SE it was prepared beforehand
       彼はそれをあらかじめ自分のために用意していた。
    b.   Se l'è imparata a memoria.
       (he) SE it learned   in memory

彼はそれを覚えこんだ。　　　　　　　　　　　（Maiden and Robustelli 2000）

この事実は，統語的に説明するのは困難であるように思われる。一つの可能性として，格の種類に応じてクリティックを配列する形態音韻規則があり，与格－対格－主格－部分格のように語順が指定されると考えられる。これも，再帰代名詞クリティックが主格素性を持っていることを間接的に示していると言えよう。

12　この動機付けについては，本章2節のスペイン語の例の分析において言及する。
13　クリティックが移動する際の excorporation に関しては藤田(2004)を参照されたい。
14　すでに見たように，直接目的語が人称代名詞として生起し動詞に先行する場合には，他動詞の過去分詞が直接目的語と性・数一致する。この事実は再帰非人称構文に限られたものではなく，他動詞文における過去分詞の一致現象として独立に議論すべき問題であるため，本研究では詳細な議論は避ける。可能性としては，このような構文では直接目的語代名詞クリティックが vP 指定部を経由して v によって格照合を受け，この照合が形態的な一致として具現化されるという派生が考えられる。
15　この分析の前提となるのは，不定詞の I が主格の照合を行うことができるという仮定である。このようなオプションは英語をはじめ多くの言語では認められないと考えられるが，ロマンス諸語ではこのオプションを想定しなければ説明できない言語事実が観察される。具体的な分析例としては，Rizzi(1982)におけるイタリア語の分析のほか，ポルトガル語に関する Raposo(1987)が挙げられる。
16　例文の「%」は，その文が意味解釈上適格ではないことを示す。
17　このように考えると，［−定, −特定］という解釈は再帰代名詞クリティックにとっては無標の解釈なので，［＋総称］という素性との照合を設定する必要がないという見方も可能である。この見方に従うと，［−定, −特定］の再帰代名詞クリティックは，その性質上，発話上の解釈や完了相の恣意的解釈においては用いられないことになる。個別事象と［−特定］という特性が相容れないからである。すると，結果的にこの解釈は一般的事象を表す未完了相の恣意的解釈に対応することになるのである。

　　ただし，(20c, d, e)の非文法性を説明するために，不定詞節において［−定, −特定］の再帰代名詞クリティックが生起することを排除するための新たな方策が必要となってくる。これについてはさらなる検討が必要となるので，本研究では［＋総称］との照合を仮定することとしておく。
18　本研究の分析では，最終的に非人称用法の再帰代名詞クリティックも再帰用法の同要素も共に動詞に編入されることになる。この場合，再帰代名詞の束縛条件，特に非人称用法の再帰代名詞クリティックによる再帰用法の再帰代名詞クリティックのC統御がどのように満たされるかが問題となる。これにはいくつかの可能性が考えられるが，例えば再帰用法の再帰代名詞クリティックの移動元の痕跡（コピー）が非人称用法の再帰代名詞クリティックによって束縛されると考えることが可能である。
19　同様の議論は，虚辞の pro が生起する倒置文に関しても成り立つ。形式的には pro が TP 指定部の位置を占めるが，主格の照合や T との ϕ 素性の一致という主語名詞句の持つ統語的特性は vP 内に位置する名詞句が担うことになる。
20　繰り上げ動詞の場合と同様に，再帰非人称構文は再帰受動構文と競合する。動詞の対象項となる名詞句が複数形である場合には，動詞の一致によって両構文を弁別できる。3人称単数で標示される場合が再帰非人称構文で，3人称複数で標示される以下の例は再帰受動構文である。

　　Pueden　desmentirse las noticias en cualquier momento.
　　can-3.pl. deny-SE　　the news-pl. in any　　　moment

いつでも知らせを否定することができる。

21 イタリア語においては，他動詞の場合にも非人称用法の再帰代名詞が不定詞に接語化することは不可能である。
  a. *Deve essersi venduto poche automobili.
   must be-SE sold few cars   (Cinque 1995)
したがって，再帰代名詞クリティックと目的語代名詞が同時に不定詞に接語化した例も当然非文である。
  b. *Può capirlasi.
   can understand-it-SE   (ibid.)
この事実は，イタリア語においては主格素性の不定詞への継承がなされないことを示している。

22 スペイン語においても，以下のように再帰代名詞クリティックが法動詞に接語化し，目的語代名詞クリティックが不定詞に接語化する例を許容する話者もいる。
  Se puede comerlo.
  SE can eat-it   それは食べられる。
このような話者には，(53)のフィルターが関与しないと考えられる。したがってこのフィルターは文法において中核的な位置を占めるものとは考えられず，生成文法においては周辺的な PF における規則であると位置付けられる。

23 この場合，再帰非人称構文は再帰受動構文と競合する。動詞の対象項となる名詞句が複数形である場合には，動詞の一致によって両構文を弁別できる。3人称単数で標示される場合が再帰非人称構文で，3人称複数で標示される以下の例は再帰受動構文である。
  Parecen verse las montañas desde aquí.
  seem see-SE the mountains from here
  ここからそれらの山が見えるようだ。

24 本研究と同じようにイタリア語の再帰非人称構文について虚辞の pro の生起を仮定している Cinque(1995) も同様の分析を提示している。

25 以下のように，虚辞の人称代名詞が生起する非人称構文において，いわゆる統語的主語に対応すると思われる要素が動詞に後続する例が観察される。
  a. Il lui est arrivé un accident terrible.
   it to-him is arrived an accident terrible   彼は恐ろしい事故に遭った。
この例において，動詞に後続する名詞句 "un accident terrible" が主格素性を持つとすると，本文の(72)と同様に非文であると予想されてしまい問題となる。
ここでは，Belletti(1988)の分析に従い，当該名詞句は主格素性を持っているのではないと考える。(72)と上記の(a)で異なるのは，動詞に後続する名詞句の定性である。すなわち，不定の名詞句が動詞に後続している例が文法的となり，定の名詞句が生起している例は非文となるのである。Belletti は，このように定性の制約が課せられる統語的環境に生起する名詞句は部分格(partitive case)を関連付けられると主張する。この部分格は T 主要部によって認可されるのではなく，動詞によって照合される内在格(inherent case)である。このため，(a)では虚辞の非人称代名詞と動詞に後続する不定の名詞句が別の格素性を持つことにより，適切に格照合され文法的となるのである。

参考文献

Aissen, Judith (1974) "Verb Raising", *Linguistic Inquiry* 3, pp. 325-366.
Aoun, Joseph (1985) *A Grammar of Anaphora*, The MIT Press, Cambridge.
Aoun, Joseph and Audrey Li (1989) "Scope and Constituency", *Linguistic Inquiry* 20, pp. 141-172.
Armstrong, Kimberly Murph (1989) *The Syntax of Spanish Clitics*, doctoral dissertation, Georgetown University.
Bailard, Joëlle (1982) "The Interaction of Semantic and Syntactic Functions and French Clitic Case Marking in Causative Sentences", In Paul J. Hopper and Sandra A. Thompson (eds.), *Syntax and Semantics 15*, pp. 49-69, Academic Press, San Diego.
Baker, Mark (1988) *Incorporation*, University of Chicago Press, Chicago.
Belletti, Adriana (1982) "'Morphological' passive and pro-drop: the impersonal construction in Italian", *Journal of Linguistic Research* 2, pp. 1-34.
―――― (1988) "The Case of Unaccusative", *Linguistic Inquiry* 19, pp. 1-34.
Bobaljik, Jonathan David (1990) *Morphosyntax: The Syntax of Verbal Inflection*, doctoral dissertation, Massachusetts Institute of Technology.
Boons, J.-P., A. Guillet and Ch. Leclère (1976) *La structure des phrases simples en français, I: constructions intransitives*, Droz, Geneva.
Bowers, John (1993) "The Syntax of Predication", *Linguistic Inquiry* 24, pp. 591-656.
Branigan, Philip (1992) *Subjects and Complementizers*, doctoral dissertation, Massachusetts Institute of Technology.
Burzio, Luigi (1983) "The Conditions on Representation and Romance Syntax", *Linguistic Inquiry* 14, pp. 193-221.
Burzio, Luigi (1986) *Italian Syntax—A Government-Binding Approach—*, D. Reidel Publishing Company, Dordrecht.
Butt, John and Carmen Benjamin (2004) *A New Reference Grammar of Modern Spanish*, Arnold, London.
Chomsky, Noam (1981) *Lectures on government and binding*, Foris Publications, Dordrecht.
―――― (1986a) *Barriers*, The MIT Press, Cambridge.
―――― (1986b) *Knowledge of Language: Its Nature, Origin, and Use*, Praeger, New York.
―――― (1991) "Some Notes on Economy of Derivation and Representation", In Robert Freidin (ed.), *Principles and Parameters in Comparative Grammar*, pp. 417-454, The MIT Press, Cambridge.
―――― (1995) *The Minimalist Program*, The MIT Press, Cambridge.
―――― (2000) "Minimalist Inquiries: The Framework", In Roger Martin et al. (eds.),

Step by Step, pp. 89-155, The MIT Press, Cambridge.
────── (2001) "Derivation by Phase", In Michael Kenstowiez (ed.) *Ken Hale: A Life in Language*, pp. 1-52, The MIT Press, Cambridge.
Cinque, Guglielmo (1988) "On Si Constructions and the Theory of Arb", *Linguistic Inquiry* 19, pp. 521-581.
────── (1995) *Italian syntax and Universal Grammar*, Cambridge University Press, Cambridge.
Cook, V. J. and Mark Newson (1996) *Chomsky's Universal Grammar*, Blackwell Publishers, Cambridge.
Dardano, Maurizio and Petro Trifone (1997) *la Nuova Grammatica della lingua italiana*, Zanichelli, Bologna.
Demonte, Violeta (1991) *Teoría Sintáctica: De Las Estructuras a La Rección*, Editorial Síntesis, Madrid.
Diesing, Molly (1992) *Indefinites*, The MIT Press, Cambridge.
Elliott, W. Neil (1986) "On the Derivation of en-Clitics", In Hagit Borer (ed.), *Syntax and Semantics 19*, pp. 97-121, Academic Press, San Diego.
Fernández Soriano, Olga (1999) "El pronombre personal. Formas y distribuciones. Pronombres átonos y tónicos", In Bosque, Ignacio and Violeta Demonte, *Gramática Descriptiva de la Lengua Española 1*, pp. 1209-1273, Espasa, Madrid.
Franco, Jon (1991) "Spanish Object Clitics as Verbal Agreement Morphemes", In Jonathan Bobaljik and Tony Bures (eds.), *MIT Working Papers in Linguistics* 14, pp. 99-113.
Fujita, Takeshi (1999a) "Les conditions autorisantes du clitique réfléchi accusatif en français", 『フランス研究』第1号(北海道大学フランス語フランス文学研究会), pp. 49-67.
────── (1999b) "Les pronoms clitiques non-réfléchis en français", 『言語研究』第115号, pp. 7-49.
Goodall, Grant (1986) "Case, Clitics, and Lexical NP's in Romance Causatives", In Carol Neidle and Rafael A. Nunez Cedeno (eds.), *Studies in Romance Languages*, pp. 93-105, Foris Publications, Dordrecht.
Graffi, Giorgio (1994) *Sintassi*, il Mulino, Bologna.
Guasti, Maria Teresa (1989) "Romance Infinitive Complements of Perception Verbs", In *MIT Working Papers in Linguistis* Vol. 11, pp. 31-45.
────── (1996) "Semantic Restrictions in Romance Causatives and the Incorporation Approach", *Linguistic Inquiry* 27, pp. 294-313.
────── (1997) "Romance Causatives", In Liliane Haegeman (ed.), *The New Comparative Syntax*, pp. 124-144, Longman, New York.
Haegeman, Liliane (1994) *Introduction to Government & Binding Theory 2nd Edition*, Blackwell, Oxford.
Hernanz, M. Lluïsa (1999) "El infinitivo", In Bosque, Ignacio and Violeta Demonte, *Gramática Descriptiva de la Lengua Española 2*, pp. 2197-2356, Espasa, Madrid.
Hollerbach, Wolf (1994) *The Syntax of Contemporary French*, University Press of America, Lanham.
Hornstein (1995) *Logical Form*, Blackwell Publishers, Cambridge.

Jaeggli, Osvaldo (1982) *Topics in Romance Syntax*, Foris Publications, Dordrecht.
Jones, M. A. (1996) *Foundations of French syntax*, Cambridge University Press, Cambridge.
Katada, Fusa (1991) "The LF Representation of Anaphors", *Linguistic Inquiry* 22, pp. 287-313.
Kayne, Richard S. (1977) *Syntaxe du français*, Seuil, Paris.
──────── (1985) "L'accord du participe passé en français et en italien", *Modèle linguistique* 7, pp. 73-91.
──────── (1986) "Connexité et Inversion du Sujet", In Ronat & Couquaux (eds.), *La Grammaire Modulaire*, pp. 127-147, Les Editions de Minuit, Paris.
──────── (1989) "Facets of past participle agreement in Romance", In P. Benincà (ed.), *Dialect variation and the theory of grammar*, pp. 85-104, Foris Publications, Dordrecht.
──────── (1991) "Romance Clitics, Verb Movement, and PRO", *Linguistic Inquiry* 22, pp. 647-686.
──────── (1994) *The Antisymmetry of Syntax*, The MIT Press, Cambridge.
Kayne, Richard S. and Jean-Yves Pollock (1978) "Stylistic Inversion, Successive Cyclicity, and Move NP in French", *Linguistic Inquiry* 9, pp. 595-621.
Larson, Richard K. (1988) "On the Double Object Construction", *Linguistic Inquiry* 19, pp. 335-391.
Lasnik, Howard and Mamoru Saito (1992) *Move α*, The MIT Press, Cambridge.
Legendre, Géraldine (1994) *Topics in French syntax*, Garland Publishing, New York, London.
Li, Yafei (1990) "X^0-Binding and Verb Incorporation", *Linguistic Inquiry* 21, pp. 399-426.
Lightfoot, David and Norbert Hornstein (eds.) (1994) *Verb Movement*, Cambridge University Press, Cambridge.
López, Cristina Sánchez (2002) "Las construcciones con SE. Estado de la cuestión", In Cristina Sánchez López (ed.), *Las construcciones con se*, pp. 13-163, Visor Libros, Madrid.
Maiden, Martin and Cecilia Robustelli (2000) *A Reference Grammar of Modern Italian*, Arnold, London.
Manzini, Maria Rita (1986) "On Italian *SI*", In Hagit Borer (ed.), *Syntax and Semantics 19*, pp. 263-283, Academic Press, San Diego.
Martinet, André (1979) *Grammaire fonctionnelle du français*, Didier, Paris.
Mendikoetxea, Amaya (1999a) "Construcciones inacusativas y pasivas", In Bosque, Ignacio and Violeta Demonte, *Gramática Descriptiva de la Lengua Española 2*, pp. 1575-1629, Espasa, Madrid.
──────── (1999b) "Construcciones con *se*: medias, pasivas e impersonales", In Bosque, Ignacio and Violeta Demonte, *Gramática Descriptiva de la Lengua Española 2*, pp. 1631-1722, Espasa, Madrid.
Noonan, Maire (1989) "Operator Licensing and the Case of French Interrogatives", *WCCFL* 8, pp. 315-424.
Obenauer, H. (1970) *La construction pronominale passive en français moderne*, unpub-

lished master's thesis, University of Paris VIII.

Otero, Carlos Peregrín (1999) "Pronombres reflexivos y recíprocos", In Bosque, Ignacio and Violeta Demonte, *Gramática Descriptiva de la Lengua Española 1*, pp. 1427-1517, Espasa, Madrid.

Pollock, Jean-Yves (1986) "Sur la Syntaxe de EN et le Paramètre du Sujet Nul", In Ronat & Couquaux (eds.), *La Grammaire Modulaire*, Les Editions de Minuit, Paris.

──── (1989) "Verb Movement, Universal Grammar, and the Structure of IP", *Linguistic Inquiry* 20, pp. 365-424.

Radford, Andrew (1997) *Syntactic theory and the structure of English*, Cambridge University Press, Cambridge.

──── (2004) *Minimalist Syntax*, Cambridge University Press, Cambridge.

Raposo, Eduardo (1987) "Case Theory and Infl-to-Comp: The Inflected Infinitive", *Linguistic Inquiry* 18, pp. 85-109.

Reed, Lisa (1990) "Adjunction, X^0 Movement, and Verbal Government Chains in French Causatives", In T. green and S. Uziel (eds.), *MIT Workig Papers in Linguistics* Vol. 12, pp. 161-176.

Reinhart, Tanya and Tal Siloni (2005) "The Lexicon-Syntax Parameter: Reflexivization and Other Arity Operations", *Linguistic Inquiry* 36, pp. 389-436.

Reinhart, Tanya and Eric Reuland (1993) "Reflexivity", *Linguistic Inquiry* 24, pp. 657-720.

Renzi, Lorenzo et al. (2001) *Grande grammatica italiana di consultazione*, il Mulino, Bologna.

Rizzi, Luigi (1982) *Issues in Italian Syntax*, Foris Publications, Dordrecht.

──── (1986a) "Null Objects in Italian and the Theory of *pro*", *Linguistic Inquiry* 17, pp. 501-557.

──── (1986b) "On chain formation", In Hagit Borer (ed.), *Syntax and Semantics 19*, pp. 65-95, Academic Press, San Diego.

──── (1990) *Relativized Minimality*, The MIT Press, Cambridge.

Roberts, Ian (1991) "Excorporation and Minimality", *Linguistic Inquiry* 22, pp. 209-218.

──── (1997) *Comparative Syntax*, Arnold, New York.

Rosen, Sara Thomas (1989) "The Argument Structure and Phrasal Configuration of Romance Causatives", In *MIT Working Papers in Linguistics* Vol. 11, pp. 212-227.

Rothstein, Susan D. (ed.) (1991) *Perspectives on Phrase Structure: Heads and Licensing*, Academic Press Inc., California.

Rouveret, Alain (1999) "Clitics, subjects and tense in European Portuguese", In Henk van Riemsdijk (ed.), *Clitics in the Languages of Europe*, pp. 639-677, Mouton de Gruyter, Berlin, New York.

Rouveret, Alain and Jean-Roger Vergnaud (1980) "Specifying Reference to the Subject: French Causatives and Conditions on Representations", *Linguistic Inquiry* 11, pp. 97-202.

Ruwet, N. (1972) *Théorie syntaxique et syntaxe du français*, Ophrys, Aix-en-Provence.

Rowlett, Paul (2007) *The syntax of French*, Cambridge University Press, Cambridge.

Sensini, Marcello (1997) *La grammatica della lingua italiana*, Oscar Mondadori, Milano.

Shlonsky, Ur (2004) "Enclisis and proclisis", in Luigi Rizzi (ed.), *The Structure of CP and IP*, pp. 329-353, Oxford University Press, New York.
Spencer, Andrew (1991) *Morphological Theory*, Basil Blackwell, Cambridge.
Torrego, Esther (1998) *The Dependencies of Objects*, The MIT Press, Cambridge.
Treviño, Esthela (1992) "Subjects in Spanish Causative Construction", In P. Hirschbühler and K. Koerner (eds.), *Romance Languages and Modern Linguistic Theory: Papers from the 20th Linguistic Symposium on Romance Languages*, pp. 309-324, John Benjamins Publishing Company, Amsterdam.
Uriagereka, Juan (1995) "Aspects of the Syntax of Clitic Placement in Western Romance", *Linguistic Inquiry* 26, pp. 79-123.
Vikner Sten (1995) *Verb Movement and Expletive Subjects in the Germanic Languages*, Oxford University Press, New York.
Webelhuth, Gert (1995) *Government and Binding Theory and the Minimalist Program*, Blackwell Publishers, Cambridge.
Wehrli, Eric (1986) "On Some Properties of French Clitic SE", In Hagit Borer (ed.), *Syntax and Semantics 19*, pp. 263-283, Academic Press, San Diego.
Zribi-Hertz, Anne (1982) "La construction "SE-MOYEN" du français et son statut dans le triangle: moyen-passif-réfléchi", *Lingvisticae Investigationes* VI: 2, pp. 345- 401.
Zubizarreta, Maria Luisa (1985) "The Relation between Morphophonology and Morphosyntax: The Case of Romance Causatives", *Linguistic Inquiry* 16, pp. 247-289.
─── (1986) "Le Statut Morpho-Syntaxique des Verbes Causatifs dans les Langues Romanes", In Ronat & Couquaux (eds.), *La Grammaire Modulaire*, pp. 279-311, Les Editions de Minuit, Paris.
藤田　健(2004)「ロマンス諸語における不定詞節内の代名詞クリティックの格照合」,『北海道大学文学研究科紀要』第112号, pp. 105-134.
───(2006)「スペイン語における使役構文の統語構造について」,『ロマンス語研究』第39号, pp. 31-40.
───(2007)「スペイン語における再帰受動構文の統語的特性」,『認知科学研究』第5号(室蘭認知科学研究会), pp. 75-96.
───(2008a)「イタリア語における再帰非人称構文の統語構造」,『北海道言語文化研究』第6号(北海道言語研究会), pp. 43-64.
───(2008b)「フランス語における"se-moyen"の統語的特性」,『ロマンス語研究』第41号, pp. 32-41.
藤村逸子(1993)「フランス語の受動態とその周辺―日本語との比較対象」, 大橋保夫他『フランス語とはどういう言語か』, pp. 169-193, 駿河台出版社, 東京.
三藤　博(1996)「フランス語の中間構文と能格構文について」,『仏文研究』XXVII, pp. 1-22.

あとがき

　再帰代名詞クリティックは，ロマンス諸語を特徴付ける重要な要素の一つであると言える。本書ではフランス語・スペイン語・イタリア語の 3 言語について，統語論で扱うべき現象に絞ってその分析を提示した。本書の分析に従うと，再帰用法・受動用法・非人称用法の再帰代名詞クリティックは，それぞれ固有の素性を付与されることはあるものの，いずれも非再帰形代名詞クリティックと同様に，統語構造において項としてのステイタスを共有している。それぞれの用法に観察される分布の多様性は，言語間の相違も含めて，固有に結び付けられる素性やそれが生起する統語的環境によって引き起こされるものである。本書で示された分析では，関与する現象がすべて統語部門において扱われるのではなく，いくつかの現象は意味に関する部門(LF もしくは意味部門)や音韻に関する部門(PF)に位置付けられる規則などによって説明されることになる。この方針は，統語論において扱われる問題を可能な限り限定するという現在の最小主義プログラムの基本的理念に合致しているものと言えよう。ある要素が提示する言語事実は，音韻的・意味的側面をも含めて包括的に捉えなければ，その本質を見出すことは不可能なのである。

　もとより再帰代名詞クリティックの全体像を把握するには，本書が扱わなかった非対格用法や本来的用法といった現象も考慮に入れる必要がある。これらの現象は語彙論の領域において興味深い問題を提起するものである。統語論で扱う現象に対象を絞るという基本方針により，これらの現象も含めた再帰代名詞クリティックの包括的な分析は，本書では提示するに至らなかった。この要素の多種多様な機能を生じさせる本質的な特徴は何かという根本的な問いかけに対する答えとしては，Reinhart and Siloni(2005)が提示する主題価変更操作がその一つの可能性として挙げられるであろう。本書では再帰用法・受動用法・非人称用法について直接この操作を統語部門に導入するという立場はとらなかったが，再帰用法における認可条件としての束縛条件

や受動用法・非人称用法における再帰代名詞クリティックの担う意味役割の存在は，間接的な形ではあれ主題価変更操作と関係付けられるものである。その意味で，本書の分析は再帰代名詞クリティックの包括的研究の一部として組み込むことができると言えよう。

　本書が対象としたのは，ロマンス諸語の中でもフランス語・スペイン語・イタリア語の3言語に限られている。この3言語に関する考察により，ロマンス諸語における再帰代名詞クリティックの統語的特性の基本的な部分は明らかにすることができたと考えている。しかし，今後の課題として他のロマンス諸語における再帰代名詞クリティックに関する現象を考察する必要があり，本書で提示した分析は統語論に限ってみても再帰代名詞クリティックが我々に投げかける問題をすべて解決したとは言えないものである。筆者を含めた研究者が今後，当該要素についての分析をさらに進展させることによって，クリティックという言語学者を魅了してやまない言語現象の本質がより明確に捉えられると同時に，生成文法をはじめとする言語理論がその完成度をさらに高めていくことになるであろう。

　　　　2009年12月10日

　　　　　　　　　　　　　　　　　　　　　　　　　　藤田　　健

索　引

【イ】
一致操作　57
意味的述語　6

【カ】
格照合　28
格素性　54, 193
格素性の融合　211
格の型　51
格フィルター　116, 225
過去分詞の一致規則　142
間接目的格　133
間接与格　133, 137

【キ】
機能範疇　19
局所的照応表現　6
局面レベル　162
虚辞　163, 188, 191, 222

【ク】
具象性　149, 160
繰上げ構文　141
繰り上げ動詞　176, 226
クリティック重複現象　17

【ケ】
軽動詞 v　34
軽動詞 v_A　145
軽動詞 v_D　119, 137
軽動詞 v_{ID}　137
牽引　163
顕在的統語構造　51
原理とパラメータのアプローチ　48

【コ】
語彙範疇　19
語彙部門　15, 166
項降格　60
構造格　55
個体レベル　162
コピュラ動詞　28, 180
コントロール構文　185, 217

【サ】
再帰化　6
再帰化統合　22
再帰性　7
再帰標示　7
再構造化　105
最小投射　4

【シ】
恣意的解釈　200
使役動詞 "faire"　18
使役動詞 "laisser"　18
ジェルンディオ節　226
時制素性　159
指定主語条件　63
自由倒置構文　190
受影性　160, 172
受益者項　78
主格素性　187
主題価変更操作　22
受動化　27
受動形態素　116, 134, 158
主役性　111, 135
主要部移動　26
照応表現　5

小節　216
状態性の述語　164
助動詞　31

【セ】
性・数一致　29,32,33,139,194
接語化　1
潜在的動作主　129

【ソ】
総称　201
総称的名詞句　110
総称量化　156
束縛　5
束縛条件A　5,28
束縛理論　5
存在演算子　22
存在量化　156

【タ】
対格　133
対格素性　35,58,62
対象項　78
代名詞類　5
大連鎖　143,184

【チ】
知覚動詞構文　47,217
中間構文　148,163
抽象格　115
長距離照応表現　6
直接目的格　133
直接与格　133,137

【ツ】
強いφ素性　35,37,39

【テ】
定性　119,135
テンス　203

【ト】
同一指示　5
同一指標付け　27,99
統合度　95,99
統語的述語　6
統語的複合動詞　51
統語部門　15
動詞句分離仮説　188
統率・束縛理論　48,62
統率範疇　5
特定　201
特定性　130

【ナ】
内在格　229
内在格素性　54

【ニ】
人称一致　123

【ノ】
能格構文　154

【ハ】
発話上の解釈　200

【ヒ】
非使役化操作　22
被使役者名詞句　41
非対格動詞　14,145,166,180,194
非人称構文　55,162
非人称主語代名詞　151,176
非能格動詞　176,181,194

索　引 *241*

【フ】
複合時制　26
複合動詞　19
不定　201
部分格　229
文体的倒置構文　55

【ヘ】
編入　4

【ホ】
法動詞　126, 147, 179, 192, 197
飽和操作　22
保留　143

【ユ】
有生性　119, 135

【ヨ】
与格　133
与格化規則　64
与格素性　35, 37, 58, 62
弱い ϕ 素性　35

【レ】
例外的格標示構文　19
連鎖　141, 223

【記号】
θ 規準　116
ϕ 素性　145, 159, 162, 189, 195
2項動詞　43

2次述語　117
3項動詞　39, 44

【A】
AGR 素性　103

【B】
Burzio の一般化　143

【C】
C 統御　23

【E】
EPP 素性　145, 163, 188, 191, 222

【N】
N 素性　56

【P】
Phase 不可侵条件　124

【R】
R 表現　5

【S】
SE 照応表現　6
SELF 照応表現　6

【V】
VP 殻構造　78
VP 内主語仮説　141

Index

【A】
Agree   57
AgrIO   171
AgrO   171
AgrP   34
anaphor   5
Argument Demotion   60
attract   163

【B】
bind   5
Binding Theory   5

【C】
Case template   51
clitic doubling   17

【D】
decausativization   22

【E】
excorporate   55,196
existential operator   22

【G】
Greed   57

【I】
indefinite   201
individual level   162
inherent case   229

【N】
numeration   121

【O】
overt syntax   51

【P】
partitive case   229
Phase   124,171,195
PRO   17,141,218
pro   102,188,218
pro-drop   153
pronominal   5

【R】
Reflexivization bundling   22
reflexivizing   6

【S】
saturation   22
se-moyen   148
specific   201
Spell-Out   103
stage level   162
syntactic predicate   6

【T】
thematic arity operation   22

【V】
VP-shell   78

【W】
withhold   143

藤田　健（ふじた　たけし）
　1968年　青森県弘前市に生まれる
　1998年　京都大学大学院文学研究科博士課程修了
　現　在　北海道大学大学院文学研究科准教授　博士（文学）（京都大学）
　主論文　「フランス語における"se-moyen"の統語的特性」『ロマンス語研究』第41号, pp. 32-41, 2008.「スペイン語における使役構文の統語構造について」『ロマンス語研究』第39号, pp. 31-40, 2006.「イタリア語における再帰非人称構文の統語構造」『北海道言語文化研究』第6号, pp. 43-64, 2008.「ポルトガル語における名詞句の統語構造」『北海道大学文学研究科紀要』第124号, pp. 103-135, 2008.「ルーマニア語における間接目的語のクリティック・ダブリング現象の統語的分析」『認知科学研究』第4号, pp. 25-44, 2006.

北海道大学大学院文学研究科　研究叢書14
ロマンス語再帰代名詞の研究
　——クリティックとしての統語的特性
2010年3月22日　第1刷発行

　　　　著　者　　藤　田　　健
　　　　発行者　　吉　田　克　己
────────────────────────
　　　　発行所　北海道大学出版会
　　札幌市北区北9条西8丁目　北海道大学構内（〒060-0809）
　　Tel. 011(747)2308・Fax. 011(736)8605・http://www.hup.gr.jp/

アイワード／石田製本　　　　　　　　© 2010　藤　田　健
　　　　　　ISBN978-4-8329-6725-0

北海道大学大学院文学研究科
研究叢書

№	書名	副題	著者	定価
1	ピンダロス研究	―詩人と祝勝歌の話者―	安西眞著	定価5,806円 A5判330頁
2	万葉歌人大伴家持	―作品とその方法―	廣川晶輝著	定価5,500円 A5判332頁
3	藝術解釈学	―ポール・リクールの主題による変奏―	北村清彦著	定価6,200円 A5判310頁
4	海音と近松	―その表現と趣向―	冨田康之著	定価6,029円 A5判204頁
5	19世紀パリ社会史	―労働・家族・文化―	赤司道和著	定価4,256円 A5判306頁
6	環オホーツク海古代文化の研究		菊池俊彦著	定価4,700円 A5判300頁
7	人麻呂の方法	―時間・空間・「語り手」―	身﨑壽著	定価4,298円 A5判270頁
8	東北タイの開発と文化再編		櫻井義秀編著	定価5,524円 A5判310頁
9	Nitobe Inazo	From Bushido to the League of Nations	長尾輝彦編著	定価2,400円 A5判100頁
10	ティリッヒの宗教芸術論		石川明人著	定価4,834円 A5判230頁
11	北魏胡族体制論		松下憲一著	定価5,225円 A5判500頁
12	訳注『名公書判清明集』官吏門・賦役門・文事門		高橋芳郎著	定価5,272円 A5判502頁
13	日本書紀における中国口語起源二字漢語の訓読		唐煒著	定価7,300円 A5判700頁

〈定価は消費税含まず〉

北海道大学出版会